中央高等学校基本科研业务费项目（项目编号：2021YQMY02），项目名称：马克思恩格斯经典著作中的科技创新思想及其当代价值

光明社科文库
GUANGMING DAILY PRESS:
A SOCIAL SCIENCE SERIES

·经济与管理书系·

资本创新论

谢世良 | 著

光明日报出版社

图书在版编目（CIP）数据

资本创新论 / 谢世良著 . -- 北京：光明日报出版社，2022. 3

ISBN 978 - 7 - 5194 - 6520 - 9

Ⅰ. ①资… Ⅱ. ①谢… Ⅲ. ①《资本论》—马克思著作研究 Ⅳ. ①A811. 23

中国版本图书馆 CIP 数据核字（2022）第 051935 号

资本创新论

ZIBEN CHUANGXIN LUN

著　　者：谢世良

责任编辑：宋　悦　　　　责任校对：郭嘉欣

封面设计：中联华文　　　责任印制：曹　净

出版发行：光明日报出版社

地　　址：北京市西城区永安路 106 号，100050

电　　话：010-63169890（咨询），010-63131930（邮购）

传　　真：010 - 63131930

网　　址：http：//book. gmw. cn

E - mail：gmrbcbs@ gmw. cn

法律顾问：北京市兰台律师事务所龚柳方律师

印　　刷：三河市华东印刷有限公司

装　　订：三河市华东印刷有限公司

本书如有破损、缺页、装订错误，请与本社联系调换，电话：010 - 63131930

开　　本：170mm×240mm

字　　数：133 千字　　　　印　　张：12. 5

版　　次：2022 年 3 月第 1 版　　印　　次：2022 年 3 月第 1 次印刷

书　　号：ISBN 978 - 7 - 5194 - 6520 - 9

定　　价：85. 00 元

前　言

资本作为一种特殊的生产要素，是社会经济发展到一定阶段的产物，与其他生产要素的本质区别在于：它以追求利润为目标，始终处于运动变化发展之中。资本在运动过程中遵循一般规律，既给社会带来了正面效应，同时又给社会发展带来了诸多矛盾和问题。要充分发挥资本的优势，推动经济、政治、文化、社会全面发展，必须克服资本惰性、发挥资本创新潜能。撰写本书的目的是在充分理解资本本质的基础上，更深入地研究资本创新及其现实价值。

随着时代的发展变迁，资本的内涵不断丰富，但它追逐利润的本性却始终不变，这一本性决定了资本具有不可比拟的优势——创新潜能。本书围绕“为什么资本这一生产要素能够创新”这一中心展开，以马克思《资本论》及其经济学手稿为文本，运用文本分析法、系统分析法、历史与逻辑相统一的方法，深入研究资本这一生产要素相较于其他生产要素而言，为什么能够创新。本书研究的总体逻辑结构如下：资本为什么能够创新（除了由资本本性所决定的内因推动创新之外，企业家精神、制度供给等外因也推动资本创新）——资本创新的内涵和基本要素（主要包括资本创新的原因、资本创新的特点、资本创新的方式）——资本创新的主要功能和社会意义（资本创新如何推动社会全面发展进步）。

马克思曾经说过：“自从资本来到世间，从头到脚每一个毛孔都滴着血和肮脏的东西。”他在《资本论》及其经济学手稿中揭露资本主义制度的罪恶，批判作为资本人格化的资本家最大限度地榨取剩余价值的行为，可以说资本批判是马克思主义政治经济学理论的一个重要维度。尽管如此，马克思却并未否认资本的积极作用。他曾多次指出，与落后的奴隶制和农奴制相比，资本主义制度在榨取剩余价值的方式上要更加文明。在《共产党宣言》中马克思论述：“资产阶级在它不到一百年的阶级统治中所创造出的生产力，比过去一切世代创造的全部生产力还要多，还要大。”因此，我们在揭露残酷的资本主义剥削方式、批判资本的消极作用的同时，也应当肯定资本的积极作用。

在追求剩余价值的过程中，资本主义生产方式表现出自己最贪婪的本性以及更高超的效率，大大超过了过去以强制占有劳动为基础的生产方式。资本起初在已有的生产技术条件下使工人为自己生产，为了追求剩余价值，不得不延长工作时间或增加劳动强度，但是这样得到的仅仅是有限的剩余价值——绝对剩余价值，为了追求更多的剩余价值，资本家必须改变现有的生产方式，提高生产效率。资本的本性决定了资本家对利润的追求是无止境的，一旦资本无法获利，就要及时做出改变，这种改变就是资本创新：创造新的生产方法、更新生产技术、变革原有的生产方式等。

基于对资本特性的研究得出结论：资本创新是指资本这一主体为了获取利润，在文化、经济、政治等外部条件的推动下，借助创新者——企业、政府和个人，克服资本惰性以及其他影响资本获利的因素，通过打破既有的经济结构、重新组合生产要素和生产条件、更新完善法律制度、吸收先进思想文化等方式，建立现代化市场经济体系和政治制度，创造宽松自由的文化氛围，从而推动社会全面发展的一种经济创新行为。

从定义可以看出，资本创新的基本要素主要包括三方面：资本创新的原因、资本创新的特点、资本创新的方式。通过对资本创新内涵和要素深入系统地分析研究可知，资本之所以能够创新，除了逐利本性这一内因推动外，思想文化、制度环境等外部因素也是必不可少的条件。

资本创新不仅为资本带来了更多的利润，还具有其他重要的功能：建立健康有序的现代化市场体系、建立完善的制度体系、形成开放的文化氛围。所以说，资本创新在为经济主体带来利润的同时，对社会发展也起到了重要的推动作用。由此可以得出结论，资本创新以获取利润为根本目的，它作为社会全面发展的驱动力，为推动社会经济增长、技术和思想文化创新，以及社会制度的完善等都做出了重要贡献。

目 录
CONTENTS

导　言

马克思在《1857—1858年经济学手稿》中明确指出：资本是一种经济权力，是在资产阶级社会中支配一切的经济权力。在《资本论》中，马克思认为资本是一种生产关系，是追求剩余价值的价值，是一种处于不断运动变化发展中的生产要素。透过马克思对资本详尽的分析研究，我们可以看出，资本在资本主义社会发展过程中占据着主导地位，资本“贪婪自私”的本性一方面促进了生产力的极大提高，另一方面又造成了劳动者的日益贫困。那么为了人类社会的发展进步，资本必定要贡献自己的一份力量，要“扬长避短”，发挥自身优势。因此，研究资本如何发挥自身优势这一问题非常有理论意义和现实价值。

一、选题目的和依据

资本是追求剩余价值的价值，其本性是实现价值增殖，而资本要想达到价值增殖的目的就必须以劳动生产力的发展为前提，资本家为了满足自己发财致富的欲望，就必须最大限度地提高劳动生产力，而劳动生产力的提高归根到底就是资本生产力的提高，因此，资本对促进生产力发展具有重要作用。马克思的生产动力论指出：生产力是推动社会发展的决定性力量，而资本在生产力发展过程中扮演着重要角色。因此，生产动力论归根结底就是资本动力论，是资本推动现代社会向前发展，资本的动力作用不仅表现在推动生产力发展方面，还表现在对市场环境的创新、体制创新、技术创新、管理组织创新等方面。

本书选题具有重要的理论意义和现实价值。党的十八届五中全会提出“五大发展理念”，将创新置于“五大发展理念”之首，将创新视为引领社会发展的第一动力，不断推进理论创新、制度创新、科技创新、文化创新等全方位的创新，突出了创新的重要作用以及其在国家发展中的核心位置。党的十九届五中全会继续强调“坚持创新在我国现代化建设全局中的核心地位”。中国特色社会主义实践经验表明，创新是社会全方位发展的驱动力，更是推动社会转型的突破口。

本书另辟蹊径，从创新的维度来解读资本这一社会发展过程中不能回避的生产要素的内涵，分析资本为什么能够创新、资本为什么要创新、资本如何创新，以及资本创新在推动社会转型过程中的作用。

马克思虽然没有明确使用过“创新”的概念，但是其理论体系中却包含有丰富的创新思想，著名的创新经济学大师熊彼特曾说过自己的“创新理论”来源于马克思的创新思想，但只是马克思创新理论中的一小部分。马克思在其鸿篇巨制《资本论》中，从剩余价值的形成，以及协作、分工、工场手工业、机器大工业的变迁演进等角度阐述了技术创新和制度创新，可以说他的经济理论的核心就是生产创新理论，也就是资本创新理论。资本主义社会生产力空前发展离不开资本的积极作用，社会主义社会的发展同样离不开资本的“统治”作用，回顾十一届三中全会以来，资本在中国市场经济中发挥了举足轻重的作用，资本的不断创新也推动了中国经济体制改革和社会转型。

二、国内外研究述评

1978 年，党的十一届三中全会是经济发展的历史转折点，随着工作重心的转移，党的十四大，中央提出建设社会主义市场经济，到了党的十五大以后，我国经济学界才开始对资本这一要素进行客观、深入研究，不再仅仅从批判的维度对资本进行探讨。我国学者主要围绕社会发展动力、生产力和生产关系、经济权力、资本的形态变化等方面对资本展开研究，然而对资本创新的研究却少之又少，甚至没有对资本创新进行系统、完整的定义，大多从经济学视角对资本创新进行理论研究。

国外对资本创新的研究始于 1912 年创新经济学导师熊彼特提出的“经济创新理论”，也就是在这时，经济创新问题才受到西方学术界的广泛关注。西方学者不仅从宏观经济学领域研究创新问题，而且还从微观领域进行研究，将创新的维度扩展至技术创新、制度创新、思想文化创新等方面。西方学者对经济创新理论的研究成果非常丰富，这些理论成果对于资本创新的研究非常具有借鉴意义，但是国外学者同样也没有对资本创新进行系统的定义和研究。国内外这些研究现状为资本创新的研究提供了丰富的理论基础和广阔的空间。

（一）国内研究现状

在我国，研究资本问题离不开《资本论》这部政治经济学百科全书。马克思在批判资本从产生之日起便带着自己的“贪婪”本性、无所不用其极地不断追求利润最大化和资本积累的同时，也肯定了资本对生产力的提高所作出的贡献。国内学者把资本视为现代社会进步发展的动力，认为资本不仅是一种生产力，更是一种生产关系，资本追逐利润的本性决定了它的任何改变都是围绕着利润这一目标进行的。一些学者认为人的“欲望”与资本的扩张是合二为一的，因为资本是“死劳动”，只有人这一能动的主体，利用资本最大化地吸收“活劳动”，才能实现资本的价值并推动经济的增长。

1. 资本是现代社会发展的动力

马克思在《资本论》第一版序言中指出该部著作的研究对象是“资本主义生产方式以及和它相适应的生产关系和交换关系”①。他认为，资本是研究资本主义社会的关键要素，是批判资本主义社会的前提。俞吾金从哲学角度解读了马克思批判现代社会的独特方式，指出了马克思在写作鸿篇巨制《资本论》的过程中，对于写作计划以及标题的更改都源于马克思发现“资本是打开现代社会秘密的一

① 资本论：第1卷［M］. 北京：人民出版社，2008：8.

把钥匙”①。当马克思把资本理解为考察批判现代社会的出发点和核心原则时，他把资本理解为现代社会一切现象的起因、动力和内在灵魂。资本同样创造了这样一个社会阶段，即人类不再局限于地方性发展以及对自然的依赖和崇拜，而是向全世界发展，产生人与人之间普遍的联系。资本乃是推动“全球化”进程的真正的主体和灵魂。

2. 资本是一种生产关系

俞吾金指出，马克思认为资本是一种关系，这种关系就是生产关系。资本不仅创造出全体社会成员对自然界的控制和占有，更创造出了社会成员对他们之间普遍社会联系的占有。② 张有奎从经济学和哲学角度来分析资本的本质，他认为资本是一种生产关系，是一种物化了的社会关系，马克思揭示商品拜物教的产生就是由于资本主义生产关系的物化引起的，资本的本质是一种人与人的生产关系，只是这种关系被物与物的交换关系所掩盖。③

聂亚珍认为资本是一种生产关系。资本不是实实在在的具体的物，而是一种社会关系，是一种社会性的，并且属于一定历史社会形态的生产关系。它指的是一种交换关系和支配关系，它体现在一个物上，并赋予这个物特有的社会性质。资本对剩余劳动的剥削，

① 俞吾金．资本诠释学——马克思考察、批判现代社会的独特路径［J］．哲学研究，2007（1）：23-31.

② 俞吾金．资本诠释学——马克思考察、批判现代社会的独特路径［J］．哲学研究，2007（1）：23-31.

③ 张有奎．马克思的“资本”概念及其哲学解读［J］．西南师范大学学报（人文社会科学版），2005（4）：5-9.

体现的实际上是一种分配关系，是对剩余劳动的占有权。资本对剩余劳动的占有和支配是隐藏在交换关系背后的一种经济本性，也是资本积累和增殖的源泉，是资本创新的动力。

张若钦在对资本的概念进行简要考察后指出，马克思主义把资本看作是一种体现剥削关系的生产关系，马克思在研究资本的过程中沿用斯密关于资本的概念，指出资本是积累的劳动，但是这种积累的劳动存在于不同的社会形态中，并不是一开始就是资本，当发展到资本主义阶段时，积累的劳动才成为资本。资本起初是以货币的形式出现的，但经过资本主义生产过程，即资本家剥削劳动者的过程，货币就转化为资本。从三个不同角度理解资本的内涵，一是从技术角度理解资本是一种生产要素，可以理解为“物”；二是从金融角度理解资本是一定数量的货币，可以随意使用；三是从历史哲学角度理解资本是一种社会生产关系，这也是马克思主义资本概念的本质，它体现的是资本家与劳动者之间的一种利益分配关系。

3. 资本形态的变迁

目前国内学术界主要从资本形态的变迁视角研究资本与经济发展的关系。所谓资本形态，是指资本运动过程中的具体存在形式。聂亚珍指出，“资本是一种价值增殖的运动”①，使用价值可以作为资本价值增殖运动的载体。资本的使用价值是多种多样的，包括生产资料、劳动力等具体的有形的形式，也包括知识要素、商标品牌、信誉等抽象的无形的形式。既然资本的使用价值有多种类型，那么

① 聂亚珍. 马克思主义资本观的再认识［J］. 湖北民族学院学报（哲学社会科学版），2006（2）：100-102.

资本价值增殖的运动过程中也会有各种不同的表现形式，这就是资本的形态，包括货币资本形态、实物资本形态、虚拟资本形态等。货币是资本增殖运动的一个特殊载体。

4. 对资本创新的研究现状

目前学术界对资本创新的研究屈指可数，且尚停留在经济学领域。陈小玉从经济创新理论视角来理解马克思的资本创新思想，将马克思经济发展理论与西方成熟的创新理论相结合进行研究，来探索马克思的资本创新思想。①

对于资本创新的研究离不开对资本的深入研究，在任何一种社会形态中，资本都有共性和个性。资本自产生以来就具有双重作用。首先，资本具有逐利的特性。作为推动社会发展的动力和杠杆，资本创造出巨大的生产力，“具有不断革新、革命的性质”；其次，资本导致经济危机。资本的逐利本性使资本与劳动始终处于对立之中，这一对立会滋生更多矛盾，最终表现为周期性的经济危机，而危机是“资本必然被勒令退场的深层根据”，但是只有通过危机，才会推动资本创新。任平对资本创新下了定义，“所谓资本创新，就是指资本为了摆脱危机、获取更多的利润，不断地、拼命地发明创造新技术、新管理、新产品、新销售、新市场、新空间、新产业，最终实现资本形态和功能的创新发展”②。从资本的特性、资本创新的方式和创新领域等角度较为全面地界定了资本创新的概念。马克思在

① 陈小玉．从创新经济学家视角回溯马克思资本创新思想［J］．学术论坛，2006（3）：25-27.

② 任平．论资本创新逻辑批判与马克思主义出场学的当代视域［J］．哲学研究，2014（10）：14-21.

《资本论》中分析了资本主义大工业时代资本创新的特点，资本在对剩余价值的追求过程中“经历了一系列剩余价值生产方式、管理方式、劳动组合方式、空间结构和资本结构的革新和改变”①。马克思虽然预见了资本创新未来可能的前景，却因为受到历史条件的制约，并未对当代后工业社会中资本的发展趋势做出分析。因此，现代社会对于资本创新的研究要回归“资本创新的本性和基本路径”。任平从哲学层面分析资本创新的理论依据，指出“现代历史的本质就是资本的历史”，并指出马克思在《资本论》中对资本历史的许多思考没能继续，这也为后续的研究提供了广阔的空间。

颜晓峰认为“资本创新”是理解马克思资本理论的一个重要维度②，他认为马克思的资本创新思想可以归纳为以下几个方面：第一，资本是能动的经济主体，并且是推动社会变革的中坚力量；第二，资本作为一种经济权力，是资本家追求财富的“工具”；第三，资本在生产过程中推动技术创新和社会组织的变革；第四，资本本身的限制是资本创新的动力。颜晓峰认为资本创新的出发点和归宿都是为了获取利润，因此资本创新的逻辑受到“成本-效益”逻辑的限制，资本只采取能够为自己带来利润的生产方式和组织形式。资本追求利润的目的造成生产力的极大发展、财富的无限增加，但同时资本对广大劳动者的剥夺使得他们缺乏相应的支付能力，这样的矛盾局面导致了经济危机的产生，所以说资本本身成了限制资本

① 任平．论资本创新逻辑批判与马克思主义出场学的当代视域［J］．哲学研究，2014（10）：14-21.

② 颜晓峰．马克思论资本创新［J］．龙岩师专学报，2001（4）：4-8.

主义生产发展的障碍，而要克服这种障碍，只有通过资本创新。颜晓峰从理论上分析了资本创新的动力和必要性，为深入研究资本创新的条件、方式和社会意义提供了理论依据。

刘玉辉绕开西方复杂的创新理论，专门研究资本创新，并给资本创新下了定义，指出对于资本创新概念的界定并未出现权威的解释。他主要研究资本创新与经济增长的内在关系，从资本工具创新、资本市场创新、资本运营创新以及资本知识化创新四个方面来论述资本创新与经济增长之间的逻辑关系。

（二）国外研究现状

创新经济学鼻祖熊彼特提出经济创新理论以后，国外学者纷纷将其创新理论与马克思的经济创新思想进行比较分析，从经济学领域研究资本创新，一些学者认为马克思的资本创新思想主要包括技术创新和制度创新两个层面。

熊彼特曾指出自己的创新理论观点源自马克思的创新思想，而且只是马克思创新研究领域中非常小的一部分，他把自己的这种创新观点称为“创造性的破坏”。在《经济发展理论》一书中将创新定义为生产要素和生产条件的重新组合，他“把这种‘创新’或生产要素的‘新组合’看成是资本主义的最根本的特征”①，并认为没有创新就没有资本主义的产生和发展。在《资本主义、社会主义与民主》一书中，他继续阐述经济创新的内涵，认为创新是一个不断

① 约瑟夫·熊彼特. 经济发展理论［M］. 何畏，易家详，等译. 北京：商务印书馆，2014：9.

破坏旧有的经济结构，创造新的经济结构的过程。日本学者金指基也认为熊彼特的创新理论深受马克思创新思想的影响，二者具有相似性。① 美国经济学家谢勒指出：马克思与19世纪中期的其他经济学家有很大的不同，他认为资本主义最大的特点是将资本的积累与不断创新的技术相结合，推动资本主义经济向前发展。② 随着熊彼特经济创新理论的发展，西方经济学者从技术创新和制度创新层面拓宽了经济创新的内涵。

西方一些学者认为马克思的经济创新思想包含了技术创新和制度创新两个维度，并且认为技术创新和制度创新推动经济增长和社会进步。马克·布劳格分析马克思的技术创新思想，并将其技术创新分为劳动节约型创新与资本节约型创新。约翰·伊特韦尔等学者也指出，马克思与其他任何一位经济学家相比的过人之处就在于，他强调技术创新的重要作用，并认为技术创新是推动经济增长和取得竞争优势的驱动力。而制度创新学派经济学家诺思认为，制度创新才是经济发展的根本动因，在《经济史上的结构与变革》一书中肯定了技术创新对经济发展的正向推动作用，但是同时指出“技术变革速度缓慢的主要原因就在于，直到相当晚近的时期都未能就创新发展出一整套产权”，“只有在专利制度下，鼓励技术变革和将创新的私人收益率提高到接近于社会收益率的一整套激励机制才能完

① 金指基. 熊彼特经济学［M］. 林俊男，金全民，编译. 北京：北京大学出版社，1996：67.

② F. M. 谢勒. 技术创新——经济增长的原动力［M］. 姚贤涛，王倩，译. 北京：新华出版社，2001：32-35.

成”①，由此可以看出诺思一直在强调制度的重要性，制度创新才是发展经济的前提和保障。

国外对于资本创新的研究主要是对马克思经济创新思想进行概括和分类，从技术创新与制度创新两个方面进行研究，分析了经济创新思想与经济增长以及社会发展的关系，但是并未对资本创新进行明确的界定和系统深入的研究。

由此可见，国内外的研究现状给本书的资料收集和撰写增加了难度，但也为资本创新的研究留下了很大的空间。

三、选题的内容及构思

本书以“资本创新论”为题进行撰写。从题目中可以看出本书的研究对象是资本创新，而深入分析题目还有另外一层含义，即资本创新是一种动力。文章从资本这一特殊的生产要素为切入点进行分析研究，逻辑主线就是围绕资本创新展开：资本这一生产要素为什么能够创新——为什么要进行资本创新——怎么进行资本创新——资本创新具有什么样的现实价值。

本书分五个章节进行撰写。主要围绕资本的特性以及资本创新的要素展开。因为资本创新的主体是资本，那么首先必须弄清楚资本的本性以及特殊性。资本作为生产要素，与其他生产要素相比具有什么样的优势，为什么其他生产要素不能够创新。第一章回答资本为什么能够创新这一最根本的问题，从经济、政治、文化、制度

① 道格拉斯·C. 诺思. 经济史上的结构与变革 [M]. 厉以平，译. 北京：商务印书馆，2013：186-187.

等层面对资本创新下定义，深入分析资本创新的内涵和基本要素。第二章从资本主义精神层面分析资本创新的文化条件，揭示了资本主义精神推动资本创新是西方国家经济腾飞的重要原因。第三章分别从经济、政治两方面研究资本创新的外部条件。第四章从宏观层面分析资本创新的主要功能。第五章主要研究资本创新对中国发展具有哪些现实意义。资本创新说到底是推动人类社会进步的经济行为，最后两章从现实视角研究资本创新为人类社会的发展进步做出了怎样的贡献。

马克思的资本理论是学术界研究的热点问题，研究资料颇丰，然而关于资本创新的研究尚不完善，一是研究视角的单一化，即都从经济视角进行研究；二是以西方经济创新理论为基础，研究资本创新与经济增长的关系，并没有形成系统的理论。本书从创新维度解读资本，重新界定资本创新的内涵和基本要素，从内在动力和外部条件两方面研究资本创新的动力，形成系统的理论体系，在此基础上，从宏观层面研究资本创新的主要功能，并结合中国发展现状分析资本创新的现实价值。

四、创新点和不足之处

（一）创新点

本书的创新之处主要包括：

第一，逻辑结构新颖。本书以“资本这一生产要素为什么能够创新”为切入点进行分析，以资本创新的内在动力、资本创新的条件以及资本创新的社会意义为逻辑脉络，围绕“资本为什么能够创新——资本为什么要创新——资本创新的要素——资本创新的外部条件——资本创新的现实意义”这一逻辑结构展开研究，每一部分都是前一部分的逻辑展开。

第二，研究角度新颖。通过查阅研究资料，学术界对于资本创新的研究仅限于经济领域，且没有对资本创新进行系统全面的界定，本书针对这一学术空白展开初步研究。首先，将资本这一生产要素与其他生产要素进行横向比较分析，得出结论：资本是唯一具有创新潜能的生产要素；其次，从经济、政治、文化等层面对资本创新下定义，分析资本创新的要素——原因、特点、方式等，得出结论：资本创新不仅需要内在动力，也需要外部条件的推动——市场条件、制度条件、文化条件等；最后，资本创新的作用是推动人类社会的发展进步，本书从宏观视角研究资本创新如何推动社会发展，并结合中国的现实情况分析资本创新如何促进中国社会全方位发展。

（二）不足之处

本书的研究也有一些不足之处，主要包括以下两方面：

第一，研究资料不足。国内学术界对资本创新的研究相对较少，只能通过对有限资料的分析寻找论文研究的切入点；国外学术界的一手资料较少，大部分还是参考外文中译资料。一方面造成了论文研究的理论储备较少，另一方面限制了论文研究的深度。

第二，跨学科研究增加了研究难度。对资本创新的研究以马克思《资本论》以及经济学手稿为文本依据，同时涉及政治学、经济学、历史学、社会学、伦理学等多学科知识领域，鉴于研究时间和精力有限，对于其他学科的学习研究不够深入，在一定程度上造成论文研究结论不全面，这也为后续研究提供空间。

第一章 资本及资本创新的基本内涵

资本是现代市场经济发展的关键生产要素，资本创新是现代市场经济增长的驱动力。资本的产生，可以说是人类社会经济发展史上的里程碑事件，从经济学角度讲，资本的出现，使人类迅速迈入近代社会，不仅瓦解了封建社会的根基，同时为资本主义社会的建立奠定了坚实的基础。无论是产业革命的兴起，科学技术的迅猛发展，抑或是思想文化的广泛传播，社会制度的更新完善，资本都扮演着极其重要的角色。

资本从产生之日起就肩负着重要的使命——追求利润最大化。资本正是为了完成这一重要的使命，才推动了科学技术、思想文化和社会制度的创新发展：首先，资本的积累推动工业革命的爆发、蒸汽时代的到来改变了人们的生产和生活，大大提高了生产效率和生产规模，使社会生产力空前提高；其次，资本向宗教神学发起挑战，摆脱一切束缚生产发展的羁绊；最后，资本藐视封建贵族特权，不断完善法律制度和政治体系，使封建社会彻底瓦解。与此同时，科学技术的创新发展为资本追求利润提供了坚实的物质技术基础，文化和制度的创新则为资本逐利创造了积极宽松的适合资本生存的文化土壤和制度环境。

然而，资本在完成自身使命的过程中，除了具有上述优点之外，还具有不可忽视的缺点，它在给一部分人带来收益的同时，也给另一部分人造成不可估量的损失——贫困。就像马克思所描述的那样，资本来到世间，就像“吸血鬼”一样，从头到脚都沾满了血。那部分获益的人就是资本的所有者，他们利用资本取得经济上以及政治上的统治地位，而另一部分人则被资本统治，日益贫困。

第一节　资本的特性

不同学派和经济学家从不同角度对资本下了定义，虽然各有侧重，但基本都是围绕财富和价值展开论述。重商主义学派从财富的角度描述资本，把货币视为资本，而货币又是财富的唯一形态，那么就将资本与财富等同起来，这时资本处于萌芽状态，商业利润和借贷利息是资本的增殖物，这一时期以“商业资本”“货币资本”为主要的资本存在形式。亚当·斯密从生产角度对资本进行定义：资本是指投入生产以取得收入的一种预先储备的财产，即“预储资财”，是一种用于生产并取得利润的生产资料，他强调的是资本的生产内涵。李嘉图将资本具体化为一种物品，从原始社会的制造物开始谈资本的历史，认为“没有某种物器，就不能捕猎海狸和野鹿，所以这些野物的价值不仅要由捕猎所需的时间和劳动决定，而且也要由制造那些协助猎人去进行捕猎工作的资本物（武器）所需的时间决定”①。新古典经济学派创始人马歇尔认为资本是一种生产要素，与劳动和土地一样，“一个人的资本是他的财富中用于获得货币形态的收入的那一部分。”② 马克思从批判的维度对资本进行分析，他认为资本是一种生产关系，是追求剩余价值的价值，他认为资本的产生是一种历史过程，且并非永恒不变的存在，随着时代变迁资本也逃不过灭亡的命运。著名经济学家曼昆将资本具体化为“物的积累”：资本指生产中所使用的设备与建筑物的存量，经济学中的资本代表现在正用于生产新物品和过去生产的物品的积累。经济学家熊彼特则从创新的维度描述资本，他认为资本是一种创新的工具，是企业家为了实现“新组合”，用以“把生产指往新方向”“把各项生产要素和资源引向新用途”的一种“杠杆”和“控制手段”。熊彼特揭示了资本具有创新的潜能，却歪曲了资本的实质，掩盖了资本家的剥削本质，他认为创新是资本主义经济的本质，离开了创新，资本主义就没有存在和发展的意义，生产方法的创新变革在资本主义经济发展过程中起到了非常重要的作用，这与马克思主义政治经济学关于科学技术的变革在生产发展过程中有着重要的作用，从而生产力是经济社会发展的最革命和最活跃的因素这一理论观点相一致。根据这些具有代表性的经济学派和经济学家对资本的定义可以得出结论，资本是人类社会发展到一定阶段才产生的，资本具有价

① 李嘉图．政治经济学及赋税原理［M］．郭大力，王亚南，译．北京：商务印书馆，1962：17-18.

② 阿弗里德·马歇尔．经济学原理［M］．廉运杰，译．北京：华夏出版社，2005：60.

值，并且是一种为了获取超额价值而存在的价值，即所谓的追求利润的价值，无论是原始社会捕猎所使用的器物还是现代企业在生产过程中所使用的设备和建筑物等无非是资本在不同历史阶段的不同存在形式。

一、资本运动的一般规律

资本是在与劳动的对立运动过程中产生和发展起来的，马克思在《资本论》中揭示了资本这一生产要素在资本主义社会中运动的一般规律，指出资本是推动社会经济发展的重要因素。

（一）资本的起源

资本这一生产要素作为资本主义经济发展的基本范畴，是深入研究资本主义生产过程的起点和关键。从历史唯物主义角度看，资本不是从来就有的，它是一定社会历史发展阶段的产物，这与马克思对资本的描述相一致，马克思在致恩格斯的书信中说，“使我很感兴趣的是，从他所引证的文件来看，‘catalla，capitalia’即资本这个词是随着城市公会的发展而产生的”①，这里马克思指的是梯叶里的《第三等级的形成和发展史概论》一书中的内容。马克思所论述的资本概念是在继承和批判古典资产阶级政治经济学的基础上形成和发展起来的，他以对私有财产的批判为切入点引出资本的概念。“正是劳动条件和生产者之间的这种分离，形成了资本的概念，这种分离

① 马克思恩格斯《资本论》书信集［M］. 北京：人民出版社，1976：90.

从原始积累开始。"[①] 在引出了"资本"这一基础概念以后，马克思开始分析资本主义生产的起源，并指出"资本主义制度的基础是生产者同生产资料的彻底分离……这整个发展的基础就是对农民的剥夺。这种剥夺只是在英国才彻底完成了……但是西欧其他一切国家都正在经历着同样的运动"[②]。这段论述有三层含义：第一，生产者同生产资料相分离，生产资料归资本家所有，是资本家的私有财产，可以说私有制是资本主义制度形成的前提条件之一；第二，资本主义生产发展是建立在剥削的基础之上的，剥削是实现资本积累的方式之一；第三，资本主义制度起源于英国，并在西欧其他国家传播。马克思认为资本的历史起源是残忍的历史过程，资本的原始积累是"对直接生产者的剥夺，是用最残酷无情的野蛮手段，在最下流、最龌龊、最卑鄙和最可恶的贪欲驱使下完成的"。[③] 由此可见，由原始积累引起的劳动者与生产资料相分离，不仅是资本形成的前提，也是资本主义制度形成的先决条件。

罗伯特·布伦纳认为，资本主义起源于英格兰所有制关系的变化。英格兰农业经济发展的历史过程表明，市场是地主和生产者存在的基础。农业资本主义经济在英格兰迅速发展，大片土地归地主所有，借地农只拥有土地的借地权，土地由借地农来耕种，而借地农的借地权是由市场决定的，所以借地农就不得不围绕这一借地权在市场上开展激烈残酷的竞争，英格兰农业经济发展状况与马克思

① 资本论：第3卷［M］. 北京：人民出版社，2008：275.
② 马克思恩格斯《资本论》书信集［M］. 北京：人民出版社，1976：379.
③ 资本论：第3卷［M］. 北京：人民出版社，2008：873.

所描述的资本主义生产起源的三点内容相一致，英格兰农业经济发展揭示了市场在农业经济发展过程中具有重要作用。

资本主义起源于农业经济领域，并在其他经济领域得到充分发展。资本是一种追求剩余价值的价值，那么资本主义必然是以获取剩余价值为目的。“资本主义就是一切物品和服务性劳动，都是以获得利润为目的的，为了交换而进行生产的体系。”① 由此可以得出结论：第一，资本主义是这样一种经济体系，它是为了交换而存在，与从前以产品的使用价值为目的进行生产的小农经济模式有天壤之别；第二，资本主义生产和交换都是为了获取利润，离开利润资本主义经济就失去发展的动力；第三，无论是有形的产品还是服务性劳动，其价值必须通过在市场上进行交换才能体现出来，劳动者生产的目的不仅仅是为了满足自己生存的需要，也不是为了满足资本家的奢靡生活，而是为资本家创造利润。因此，资本主义的终极目的是追求利润，而市场则是资本主义追求利润的场所，“所有经济行为者都依赖于市场”②。

要研究“资本”，肯定不能绕开马克思的《资本论》，这部鸿篇巨制全称是《资本论：政治经济学批判》。全书以唯物史观为指导，围绕资本这一生产要素，分析资本主义生产方式，揭示资本主义经济发展规律，目的是批判资本主义社会的剥削本质以及其必然走向灭亡的历史趋势。在《资本论》中马克思从商品这一最简单的范畴

① 冯雷．评艾伦·伍德的《资本主义的起源》［J］．当代世界与社会主义，2005（4）：54-58.

② 冯雷．评艾伦·伍德的《资本主义的起源》［J］．当代世界与社会主义，2005（4）：54-58.

进行分析，随着“物物交换”这一商品交换的最初形式的发展，产生了充当一般等价物的货币，这时货币行使流通手段的职能，随着交换的发展，在交易市场中产生了“劳动力”这一特殊商品，劳动不仅生产出商品，同时还生产出作为商品的劳动力本身以及劳动者。劳动力转化为商品是货币转化为资本的前提条件。马克思从商品入手展开对资本的研究，商品交换发展到一定阶段便产生了货币，资本又是货币发展到一定阶段的产物，因此马克思将商品、货币、资本三个经济学范畴联系起来。得出结论，资本归根结底是商品和货币发展到高级阶段的产物，具有商品和货币的基本特征。

马克思强调，发明创新技术，更加专业化的分工，改善更新交通运输工具和不断扩大新的世界市场等等，都不会使劳动工人变得富裕，而只会使资本致富，也就是只会增加资本支配劳动的权力，使资本的生产力不断增长。因此，资本为了实现生产力增长，就必然推动技术创新、组织管理合理化、交通工具的创新以及开辟新的世界市场。资本在扩张过程中，其拥有的权力会不断增大，且这种权力不再局限于经济领域，而是扩展至政治、文化、社会等其他领域，其权力也不再局限于一个地区，而是向全世界扩张，资本利用自己所拥有的权力，开辟新的市场、新的世界。

（二）资本是主体与客体的统一

资本作为一种生产要素在资本主义经济发展过程中发挥着重要作用，那么资本究竟是主体还是客体，或是二者的统一，这是需要弄清楚的问题。

资本是商品和货币发展到高级阶段的产物，因此具有商品和货币的一般特征。商品作为可以交换的劳动产品，首先是人的劳动成果，其次是具有使用价值的商品而被人需要和使用，由此可以看出商品是主客体的统一：作为客体是劳动者劳动实践活动的产物，而作为主体是商品交换活动的物质承担者。当商品交换发展到一定阶段，货币作为中介充当一般等价物，其中人的因素逐渐被淡化，货币行使流通职能与商品进行交换，此时货币也是主客体的统一，作为主体的货币用来购买商品，是商品的等价物，作为客体的货币是买者购买商品的工具，直到劳动力这一特殊商品在市场上出现，货币才发生质变，转化为资本。资本具有商品和货币的一般特征，作为主体剥削劳动者的剩余价值，作为客体是可以为资本家带来剩余价值的价值。因此资本作为一种生产要素，既是主体也是客体。

在资本主义经济活动中商品交换的现象背后隐藏的是人与人之间的关系，即资本家对工人的剥削，也即资本与劳动之间的对立关系。资本产生的目的就是赚取超额价值，这是资本的本质特征，作为主体的资本，在流通过程中获取剩余价值，而作为客体的资本是资本家用来支配工人劳动的工具，是资本家剥削工人剩余价值的方式。资本一方面是资本家奴役和剥削工人的工具，在这种意义上，资本是一种客体化的劳动，作为客体发挥作用；另一方面使工人处于被奴役和被剥削的状态，此时资本是作为主体支配工人，工人完全失去人身自由，所以说资本既是主体也是客体。

资本的生命力就在于追求剩余价值，马克思在致恩格斯的书信中说，“虽然重农学派没有看出剩余价值的秘密，但他们还是非常清楚，剩余价值是‘一种独立的和可以自由支配的财富，是他（财富的占有者）没有买却拿去卖的财富’（杜尔哥）”，以及剩余价值不能从流通中产生出来。① 这段论述包含两层含义：第一，剩余价值是资本家无偿占有的财富；第二，剩余价值不能从流通中产生。那么剩余价值到底是什么？是劳动者生产的超过其必要劳动的部分被资本家无偿占有的价值，资本就是为了追求这个剩余价值而存在的。那么资本是如何追求剩余价值的？马克思认为剩余价值是由活劳动创造的，资本通过榨取工人的剩余劳动而实现价值增殖。

对资本的理解不能仅限于物质层面，犹如对资本主义的理解不能仅仅局限于经济层面一样。资本主义是经济的、法律的、政治的，也是思想观念的，因此资本主义起源的因素是相当复杂的，单纯的工商业的发展以及经济发展史都远远不足以阐明资本主义的起源。资本同资本主义一样并不是人类社会产生之初就存在的，它的起源需要一系列的前提条件，包括经济的、政治的、观念的和制度的条件等等，其中最重要的是市场活动主体的自由，一种受法律制度保障的自由以及这种自由的不断扩大。②

资本是随着经济的发展不断运动变化的生产要素，因此要从动态的视角研究资本运动的一般规律，以及资本的运动过程中所产生的正负效应。资本的生命力在于追求利润，而一旦出现阻碍资本追逐利润的因素时，资本就必须想方设法扫除这种障碍，资本创新是

① 马克思恩格斯《资本论》书信集［M］. 北京：人民出版社，1976：349.
② 侯建新．新视角：资本主义起源再探讨［J］. 史学理论研究，2013（3）：32-41.

资本摆脱障碍继续逐利的唯一出路。

（三）资本积累

资本运动的一般规律从本质上说就是资本主义生产的一般规律，而资本主义生产过程的实质就是资本的积累过程。资本积累以及由资本积累所引起的资本积聚，本质上就是提高生产力的一种物质手段。资本是能够带来剩余价值的价值，而资本主义生产又以追求剩余价值为终极目的，生产出的剩余价值的一部分重新转化为资本，这样就形成资本的积累，这一过程就是资本的积累过程，这是资本主义生产的最终目的，也是剩余价值生产过程中的重要组成部分。资本家作为人格化的资本，组织劳动者进行生产的目的是为了实现资本的价值增殖，而绝不是为了享受，马克思认为“如果这样，就完全无视这种生产在其整个内在本质上表现的独特性质”。①

由于资本积累伴随而来的是资本积聚，因此随着资本积累的增加，资本积聚也必然增加。资本主义产生的前提之一是生产者与生产资料相分离，随着资本积聚的不断增加，资本权力也随之增加。资本主义生产资料和生产者相分离的过程，加速了资本在资本家身上人格化的独立化进程。

（四）资本运动的本质

《资本论》第三卷中论述了资本越来越表现为一种社会权力，资本家是这一权力的执行者。资本同劳动者所创造的劳动产品“不再

① 资本论：第3卷［M］. 北京：人民出版社，2008：272.

发生任何可能的关系”①，资本表现为一种同劳动产品相异化的、独立化的社会权力，由资本所形成的这种一般的社会权力同资本家对生产资料和生产条件所拥有的私人权力相矛盾，正是这种矛盾运动推动了资本增殖的进程，从而实现资本积累的增长。

资本是一种生产关系，即经济关系，这种经济关系是指存在分工的前提下，一定社会中人们生产生活资料和进行产品交换的一种方式。马克思说过，“黑人就是黑人，只有在一定的社会关系下，他才成为奴隶。纺纱机是纺棉花的机器，只有在一定的社会关系下，它才成为资本。脱离了这种关系，它也就不是资本了。”② 这种关系就是资本主义生产关系，资本就是在这种生产关系中发挥作用的。马克思通过商品交换揭示了隐藏在这一交换关系背后的人与人之间的关系，资本主义生产关系的实质是使工人与资本家的真实关系隐藏起来了，工人和实现工人劳动的条件相异化，这种异化主要体现在以下三个方面：第一，资本家利用可变资本（劳动力）来实现不变资本（各种生产资料）的价值，这些生产资料只和资本家有关，劳动者在生产过程中使用这些不变资本时，只是利用这些不变资本的使用价值，把它们当作一种劳动资料；第二，在资本主义生产过程中，这些生产资料也是资本家剥削工人劳动的手段，这些剥削手段（生产资料）的种类或贵贱也与工人无关；第三，为了生产出劳动产品这一目的，工人把自己的劳动与其他人的劳动的结合，把自己的劳动的社会性质，看作是对工人来说另一种异己的权力。

---

① 资本论：第 3 卷［M］. 北京：人民出版社，2008：293-294.
② 资本论：第 1 卷［M］. 北京：人民出版社，2008：878.

在资本主义社会，这种经济关系不仅包含着生产设备，还包括运输设备在内的所有技术设备，这些也可称之为生产资料，这样的技术装备决定着产品的交换和分配方式，并且在资本主义社会里决定着阶级的划分，决定着统治者和被统治者的地位划分，也决定着国家机器、政治法律等上层建筑。无论是生产资料还是这些所谓的技术设备，都是资本的存在形式，因此可以说资本决定着产品的交换和分配关系。

虽然资本积累是提高生产力的一种物质手段，但是资本积累也会带来一系列经济和社会问题，贫困和经济危机是最典型的由资本积累所引起的问题。在资本主义生产的过程中，资本积累导致生产规模的不断扩大，从而生产资料必然随之增加，但是生产资料的这种增加意味着工人人数的不断增多，意味着创造出同剩余资本相适应的工人人口，甚至整体上超过了这个资本所需要的工人人数，即形成了相对过剩的工人人口。剩余资本超过了它所能支配的工人人数，就会发生双重的作用：一方面，会在一定程度上提高工人工资，从而可以提高工人的生活水平，降低使工人后代减少或灭绝的可能性，使工人人口逐渐增加；另一方面，剩余资本的相对增加使得采用新技术、新设备成为可能，从而可以创造出尽可能多的相对剩余价值，因而可以创造出更多的相对过剩人口，而这种相对过剩人口又造成劳动力市场的竞争，从而降低工人工资，导致贫困人口的产生，在资本主义生产过程中，过多的人口会产生贫困，而贫困又会产生更多的人口，形成恶性循环。

资本不是资本主义社会的专利产品，在中国，资本也经历了漫长的发展过程。早在明清时期就有资本主义生产关系的萌芽，后来因生产集约化的影响导致生产效率降低。中国传统自给自足的小农经济阻碍了资本的发展，封建剥削压迫、专制主义限制甚至阻碍了工商业的发展。伊懋可的“高技术平衡陷阱说”认为，宋代以后中国社会发展停滞，因为中国人多地少、各种原材料短缺，需要巨额资本才能提高生产力，缺乏创新的动力。在中国是否产生了资本主义萌芽的问题上中西方学者研究结论不一。

二、资本运动过程中的正负效应

资本主义生产是在对立中运动的①，资本在不同时代对经济和社会发展产生的影响也不同。马克思在《资本论》中以批判的视角论述资本主义的经济规律，在马克思所处的时代，虽然资本在提高生产力方面做出了巨大的贡献，但是其对社会的负面影响也是显而易见的。随着生产力的不断发展，资本在当代社会发展过程中扮演着越来越重要的角色，其正面影响要远远高于负面影响，资本对经济发展的作用不言而喻，同时对政治、文化和社会等方面也产生着重要的影响。

（一）资本为社会带来的正面效应

资本运动过程的正效应表现在资本推动了生产力的发展，马克思在《共产党宣言》中曾说，“资产阶级在它的不到一百年的统治阶级中所创造的生产力，比过去一切世代创造的全部生产力还要多，

① 资本论：第 3 卷［M］. 北京：人民出版社，2008：293.

还要大”①。马克思提出“资本的趋势是为了增加相对剩余时间，必然把生产力提高到极限”②，其协作理论论述了资本提高生产力的本质，反映了资本在运动发展过程中对经济社会所带来的积极影响。在最初的简单协作过程中，提高生产力的方式主要有三种：第一种是工人之间展开激烈的竞争，工人为了得到工作必须提高个人生产力；第二种是单个工人的劳动集合形成了集体工人的劳动，这种集体劳动的成果大于单个工人劳动总和的结果；第三种是工人在同一劳动场所集体工作，这样就减少了劳动资料的损耗，节约了成本，从而使利润增加，提高了生产力。马克思对此有过论述：“不仅通过协作提高了个人生产力，而且是创造了一种生产力，这种生产力本身必然是集体力。”③ 工人通过协作形成了一种集体的劳动力，不仅实现了工人个人生产力的提高，同时也创造了比以前更多的生产力，而这种提高了的劳动生产力就被资本无偿取得，并且在生产力提高的这一过程中没有花费额外的费用。

马克思在分工理论中同样论述了资本在提高生产力方面的重要作用。在工场手工业阶段有两种形式，第一种形式是不同工种在同一资本家的控制下劳动；第二种形式是同一工种在资本家控制下共同劳动，后者的分工形式不再是简单协作，而是形成了不同工种之间的有机联系，它使分工更加细致专业，到了机器大工业时代，工人之间的协作劳动转变成了机器之间的协作，极大地提高了生产率，

① 马克思恩格斯文集：第2卷［M］．北京：人民出版社，2011：36.

② 马克思恩格斯全集：第46卷［M］．北京：人民出版社，1995：409.

③ 资本论：第1卷［M］．北京：人民出版社，2008：378.

使得生产规模不断扩大。除了分工协作以外，资本还通过其他方式推动生产力的发展，生产规模的扩大导致劳动力需求的增加，“人口的增加会使劳动生产力增长，因为这会使劳动的更广泛的分工和结合等成为可能。”① 恩格斯曾说，“社会上一旦有技术上的需要，比十所大学更能推动社会的进步。”② 资本对利润的追求必然导致对技术的需求，马克思说，“生产过程成了科学的应用，而科学反过来成了生产过程的因素，即所谓职能。每一项发明都成了新的发明或生产方法的新的改进的基础。”③

由此可见，资本作为资本主义市场经济中的一种生产要素，从产生之日起便在追逐利润的过程中不断运动，在为资本家带来利润的同时，也提高了社会生产力。

（二）资本为社会带来的负面效应

资本在提高生产力方面做出了巨大的贡献，但是不可否认资本也有阻碍生产力的发展的一面。劳动分工都是强制性的，劳动者并非出于自愿进行劳动，而是除了劳动力一无所有而不得不为了维持自身的生存需要而进行工作，“工人一旦进入劳动过程，便并入资本。作为协作的人，作为一个工作有机的肢体，他们本身只不过是资本的一种特殊存在方式，”④ 工人与劳动相异化，失去了自身的存在价值，表面上看，是资本创造了生产力而非工人创造的生产力，

---

① 马克思恩格斯全集：第 30 卷［M］. 北京：人民出版社，1998：378.

② 马克思恩格斯选集：第 4 卷［M］. 北京：人民出版社，2012：732.

③ 马克思恩格斯全集：第 47 卷［M］. 北京：人民出版社，1966：570.

④ 资本论：第 1 卷［M］. 北京：人民出版社，2008：386-387.

资本家为了满足其贪欲，实现更多的资本增殖，就要求工人延长工作时间或增加劳动强度，在这样的情况下，资本家对工人的剥削更加重了。“工场手工业分工不仅只是为资本家而不是为工人发展社会的劳动生产力，而且靠使各个工人畸形化来发展社会的劳动生产力。一方面，它表现为社会的经济形成过程中的历史进步和必要的发展因素；另一方面，它表现为文明的和精巧的剥削手段。”① 工人长时间从事单一劳动，失去了其他方面的能力，必须依附于资本和资本家才能生存。机器的大规模使用导致了剩余劳动力的产生，工人面临失业的危机，为了生存，大批劳动者出卖廉价劳动力，这就促使资本家获取更多剩余价值，资本家愈加富有，工人日益贫困。这就是资本的负面效应。虽然资本主义生产非常吝啬，企图用最小的成本获取最大的利润，然而这种吝啬仅限于对生产材料的使用上，对于劳动力的使用资本家则是极尽所能地浪费，“资本主义生产一方面使社会失去的东西，就是另一方面使各个资本家获得的东西。”② 工人是活劳动的承担者，而资本家是合理并节约地使用生产资料的人，工人和资本家之间存在着对立的关系。资本主义生产方式就是在这样矛盾对立的运动中产生的，资本家通过牺牲工人的生命和健康，为工人提供简陋的生存环境，并一再降低工人的工资，从而实现生产成本的节约，进而提高生产利润。

抛开价值和剩余价值的多少，以及资本主义生产关系如何，资本主义生产方式必然会推动生产力发展，这是资本主义经济发展的

① 资本论：第1卷［M］. 北京：人民出版社，2008：422.

② 资本论：第3卷［M］. 北京：人民出版社，2008：101.

必然趋势，也是资本主义发展的矛盾所在，因为资本主义生产方式的目的是为了最大限度地实现资本增殖。资本主义生产方式一方面不管价值及剩余价值如何，另一方面又必须要保存资本价值并最大限度地实现资本增殖。

可以说“资本主义生产的真正限制是资本自身”①，资本主义生产的起点和终点就是资本的不断增殖，资本实现自身增殖也是生产的动机和最终目的。资本主义生产的实质是围绕资本进行的生产，资本产生的目的就是实现自身增殖，其附加价值是推动了社会生产力的发展，无论是简单协作、工场手工业还是机器大工业阶段，到今天的信息经济时代，资本的目的始终不变——追求自身增殖，而增殖的方式却随着时代的发展变迁而有所改变。作为资本人格化身的资本家的目的就是为了追求更多的剩余价值，无论是使用工人还是机器，也都是为了满足自己的贪欲，不同的只是实现剩余价值的手段。

马克思对资本范畴的研究是通过商品交换的关系揭示被隐藏在其后的人与人之间的关系，而西方经济学家对资本的研究主要局限于物的关系。例如熊彼特将资本定义为“可以在任何时候转交给企业家的一宗支付手段的数额”②。这无疑夸大了资本的作用而忽视了资本的局限性。

资本无限地追求自身增殖的这种普遍性，却正是由于资本本身

---

① 资本论：第3卷［M］．北京：人民出版社，2008：278.

② 约瑟夫·熊彼特．经济发展理论［M］．何畏，易家详，等译．北京：商务印书馆，2014：140.

的这种特性导致了资本在追求增殖的过程中遇到了限制，这些限制使得资本在运动过程中产生负面效应，对资本家来说，这种限制会阻碍其获取利润；对劳动者来说，这种限制束缚着他们的人身自由，劳动变成了一种压迫。因此这种限制就会促使人们去消灭资本，而且最后是用资本来消灭资本。资本在增殖的过程中推动了生产力的发展，当这种增殖达到一定点以后就停止了，资本不再自行增殖，并且超过了这一定点以后，资本增殖所带动的生产力的发展这时也成为对资本的一种限制，从而资本主义生产关系也变成束缚生产力的桎梏。

三、资本的创新潜能

资本运动遵循着一般规律，这一规律的形成有三个先决条件：第一，在资本主义生产过程中，为了实现资本增殖必须要不断创新生产方法；第二，在创新生产方法的过程中必然会引起资本的贬值；第三，与此同时存在着普遍的市场竞争和资本为了自身保值增殖且避免灭亡的命运而不断改进生产、扩大生产规模。

马克思在《资本论》中揭露资本的“罪恶”本质，资本为了谋求剩余价值的最大化可以说“无恶不作”，它借助于资本家这一中介，最大化地剥削工人的劳动和耗费工人的身体，并且创造出最恶劣的生产条件以降低生产成本，最终目的都是为了最大化地攫取利润。然而应当弄清楚的是，马克思的《资本论》是在特定的历史背景下对资本展开批判，那是早期资本主义的资本，是自由资本主义时期的资本，在这一历史发展阶段，确实如马克思所揭露的那样，资本使得资本占有者越来越富有，而被资本统治的劳动者则越来越贫穷，资本和劳动的矛盾从资本产生之日起就一直存在，且愈演愈烈。然而就算马克思对资本深恶痛绝，也无法掩盖资本为社会带来正面影响，如生产力的空前提高、科学技术的创新发展等等。从《资本论》这部传世之作中我们不仅可以汲取马克思有关资本研究的丰富的思想方法，更重要的是要从中分析资本的本质，扬长避短、趋利避害，在早期资本主义发展阶段资本是为一部分人服务的生产要素，它只能为资本占有者带来利润，而使另一部分人愈加贫困，并且这种贫富的差异越来越明显；而在现代社会，资本除了完成自己的使命——实现自身增殖外，还肩负着为全社会带来利益的重任，经济主体充分发挥资本的创新潜能，使资本创新真正成为推动社会经济发展的驱动力。

资本首先是一种生产要素，是一种价值，是商品经济发展到一定阶段才产生的一种全新的生产方式，是生产力与生产关系的统一。资本作为生产要素，支配并整合其他生产要素投入生产过程以便创造价值。而经济的长期增长所依靠的除了资本这一生产要素之外，还包括劳动力、土地资源等生产要素，这些生产要素组合起来构成了财富增长的源泉，它们将潜在的生产力转变为现实生产力，然而将这些生产要素进行比较分析，其中唯一具有创新潜力的非资本莫属。

劳动力作为一种商品，必然具有商品的一般属性，即使用价值和价值。劳动力是具有特殊使用价值的商品，且在资本主义市场经济中劳动力具有价值，是可以自由交换的商品。劳动力作为商品，作为一种生产要素，作为财富增长的源泉，具有自己的特点：资本家与雇佣工人的关系就是资本与劳动关系的外在表现，在资本主义社会，雇佣工人受制于资本家，劳动力也就受制于资本。劳动力是资本家利用资本购买来为自己生产的一种特殊商品，劳动力成为商品要具备两个前提条件，即劳动者具有人身自由和劳动者除了自己的劳动力之外一无所有。工人出卖自己的劳动力是为了生活，劳动就是工人的生命活动，“是工人本身的生命的表现”，所以，劳动对于工人来说是使他能够生存的一种手段，他是为了生活才去劳动。而资本家利用资本购买劳动力为自己生产是为了获取剩余价值，因此劳动力是资本家获利的“工具”。随着资本积累的不断增加，工人的收入也不断增加，与此同时工人与资本家之间的差距也在不断扩大，矛盾也在不断加深。资本家对工人的剥削越来越严重，那么资本支配劳动的权力就会加大，劳动对资本的依赖程度也会不断加深。由此可见，资本与劳动力虽然都是生产要素，是财富的源泉，但是资本却在经济增长的过程中掌握“主动权”，劳动力只有被动接受资本的支配。工人劳动的目的只是为了得到收入来维持生存需要，而资本家利用资本购买劳动力却是为了实现资本增殖的目的，资本要实现增殖除了购买劳动力之外还有许多其他方式，并且随着生产规模的扩大和生产力的不断提高，这种方式也会随之改变，每一个不同的经济发展阶段资本为了实现增殖的目的都可以不断创新增殖方式，即通过资本创新实现增殖的目的，所以资本是具有创新潜力的生产要素。

土地也是经济增长不可或缺的生产要素，马克思在《资本论》

中引用了英国古典政治经济学创始人威廉·配第的名言“劳动是财富之父，土地是财富之母”，揭示了土地是财富增长的源泉。如前所述，劳动创造价值，并且是财富增长的重要来源，劳动是价值的唯一源泉，却不是财富增长的唯一源泉，财富包括很多种，价值只是其中一种，土地、自然资源、资本等要素都可以为财富增加做出贡献。土地是其他生产要素存在的基础，没有土地，资本和劳动力就没有立足之地，更不可能为创造财富作贡献，所以土地的重要性不言而喻。谈到土地一定绕不开地租，地租是剩余价值的一部分，土地与地租的关系实质上就是土地经营者与土地所有者之间的关系。影响地租的因素有很多，土壤的肥沃程度、土地的地理位置等等，但是反过来地租并不是衡量土地是否肥沃以及地理位置是否有利的固定标准，因为随着科技进步和交通运输业的进步，土壤的质量在不断改变，空间距离也随着交通工具的发展而相对缩短，地租来源于资本家雇佣工人在生产过程中所创造的剩余价值，而并非其他，在资本主义社会，地租体现了农业资本家和土地所有者剥削农业工人的关系。土地固然是重要的生产要素，但是却受制于地租，即受制于资本，土地之所以能够促进财富的增长，是雇用工人所生产的剩余价值，是技术进步所带来的土地质量的提高以及交通运输业的发展带来的空间距离的缩短，归根到底是资本的积累，因为没有资本积累的增加，所有的进步都无从谈起，土地与其他生产要素一样，首先要明晰产权，其次要能够在市场上自由流动，这就必然需要完善土地产权制度来实现土地的合理高效利用，从而实现生产效率的提高和财富的增加。因此与资本相比，土地在财富增加的过程中也处于被资本支配的地位，它始终是为资本增殖服务的。

资本具有增殖性，这是资本区别于其他生产要素的本质特征，是经济主体获取利润、实现社会财富增加的最重要的属性。从资本的总公式：G-W-G′可以看出，将一个价值额 G 投入流通过程，是为了从流通中取出一个比 G 更大的价值额 G′。这个更大的价值额 G′的产生过程，就是资本主义的生产过程，这个更大价值额的实现过程，就是资本的流通过程。资本家生产产品，不是为了产品的使用价值本身。资本家实际关心的是产品的价值，是产品的价值超过在产品上消费掉的资本的价值的余额，即剩余价值。

无论是劳动力要素还是土地要素，都要受资本这一生产要素的支配，资本将其他生产要素组织起来进行生产，劳动力与生产资料——土地相结合，为资本家创造剩余价值，离开资本这一生产要素，其他生产要素就失去了追求利润的本能，经济增长也就失去了动力。所以所有生产要素中，资本是经济持续增长的动力，它将追求剩余价值的动机转变为现实的生产力，并且为了使经济增长的进程不致中断而进行创新，因此只有资本才具有创新潜力。马克思曾指出，“资本主义生产的特点，恰恰在于它把各种不同的劳动，因而也把脑力劳动和体力劳动，或者说，把以脑力劳动为主或者以体力劳动为主的各种劳动分离开来，分配给不同的人。”① 这实质上是资本主义的专业化分工发展，是提高劳动生产力的一种方式，也是资本创新的一种形式。

① 马克思恩格斯全集：第 79 卷［M］. 北京：人民出版社，1972：101.

四、资本创新的定义

要研究资本创新，首先要弄清楚什么是创新。对创新的理解，尼采提出“超人”概念，他认为创造即毁灭，任何创造者也必然是一位毁灭者。马克思从动态的视角来论述其创新理论，即任何事物都处于不断运动变化发展的过程中，这种变化发展就是创新，可以说创新是一场革命。马克思曾经说过，“我比任何时候都更确信，没有商业危机，就不会有重大的革命事件。”① 可见商业危机可以作为创新的诱因。熊彼特是将创新理论系统化的经济学家，他提出了“创造性毁灭”理论，并认为创新不仅仅是创造，也是一种在原有事物基础上进行重组和变革的过程，使原有事物具有全新的价值。著名管理学大师彼得·德鲁克所主张的“创新”（innovation），其实指的是一种“集体的创新”，而不是“个别的创意”，是产业的变革与社会的重大改变，这里的创新是一种社会性和经济性的用语，而不是科技性和技术性的名词。虽然说创新是一种集体的智慧和行为，但是在这一集体中，每一个人并未丧失其个性，每个人都为创新贡献出自己的力量。综合以上概念的阐述，对创新的理解不能仅仅局限在科学技术领域，还包括管理、文化、制度等层面的创新，创新的目的都是为了创造出新的事物，实现新的价值。

首先，创新不同于简单的创意、发明，因为许多伟大的发明从被发明出那天起就未得到运用，更谈不上为社会带来价值。但是创新却不同，创新者之所以进行创新，其目的是为了将创新成果投入

---

① 马克思恩格斯《资本论》书信集［M］. 北京：人民出版社，1976：63.

使用，并为社会带来实实在在的价值，作为创新者之一的企业家，他们进行创新就是将新发明、新技术、新工艺，投入农业、工业等生产过程中，并为企业带来丰厚的利润和回报。这是创新与发明创造的本质区别，也是创新是社会发展驱动力的根本原因。

其次，创新还有一个显著的特点就是其不可预见性。正因为其不可预见性，创新就带有风险，因此并不是所有人都会接受创新行为。纵观世界经济发展史，所有重要的创新，都需要一大批发展较好的新企业，最主要的是需要优秀的企业家，因为企业可以将创新成果投入使用，而企业家则具有冒险精神和预见性，可以在识别具有社会价值的创新成果之后将其投入使用，从而为企业带来利润。在过去200年的人类发展历史中，许多为人类社会带来重要影响的创新成果，如蒸汽机、火车、无线电、计算机、互联网等，都是没有被预测到的创新。

所谓创新，就是创新主体在诸多不同的领域内开创未知的新事物、新价值的行为。在马克思看来，资本作为创新主体采用先进的生产方式就是“资本创新”。

资本创新是指资本这一主体为了获取利润，在文化、经济、政治等外部条件的推动下，借助创新者——企业、政府和个人，克服资本惰性及其他影响资本获利的因素，通过打破既有的经济结构、重新组合生产要素和生产条件、更新完善法律制度、吸收先进思想文化等方式，建立现代化市场经济体系和政治制度，创造宽松自由的文化氛围，从而推动社会全面发展的一种经济创新行为。在这里要明确一组概念，即创新主体和创新者，资本创新的主体只能是资本，然而资本必须依赖“人”才可以进行创新，那么“人”是所谓的创新者，创新者是多元的，他可以是企业、企业家个人、公共服务机构等市场经济主体。资本创新是创新者围绕资本所展开的一系列经济行为，所以说资本既是创新主体，同时也是创新客体。

资本创新过程所表现的是创新者、创新方式、创新目的等要素相互作用，这种要素间的相互作用本质上是一种经济运动，经济运动通过一系列偶然事件，如偶然的创新行为，来实现资本增殖和生产力不断发展的目的。创新实质上是一种革命，是必然的运动和偶然的事件所引起的一种结果。

既然资本创新是一种革命，那么就应该具有革命的一般特征。革命是推动事物发生根本性变革的活动，是引起事物从量变到质变的飞跃，我们一般所说的革命是指社会革命或政治革命。那么资本创新可以称之为是一种社会革命，它不仅是指科学技术的创新，还包括思想文化的创新、制度的完善等，革命的目的是为了推翻旧事物，创造新事物，这与资本创新的目的不谋而合，资本创新也是为了实现资本逐利的目的，打破原有的生产方式和管理方法等，从技术、文化、制度等层面，推翻阻碍资本获利的一切旧的技术、落后的思想和不健全的制度，创新生产技术、吸收先进的文化思想并创造出先进的思想、更加完善的制度等。资本创新包含了经济、政治、文化等方面的创新，而并非是一种单纯的经济革命或政治革命。马克思在论述 1789 年革命时指出，大革命推翻了旧制度的同时忘记建立新社会，这次大革命只考虑到了政治问题，却“没有考虑到政治经济学”①，因为当时社会中“经济力量的无政府状态”占据统治地位，所以社会不断呈现贫困化的趋势，并伴随着诸如腐败的政治问题，这时又为下一次革命埋下了伏笔。而与1789年大革命相比，资本创新不仅仅是一场政治革命，更是一场包含经济、政治、文化等多维度的社会革命，它具有革命的一般特征，但同时又具有自身的独特性，它并非单一维度的改革，而是一种全方位的创新改变，它也不是在一定的历史发展时期才爆发的一种革命，而是贯穿于经济发展的全过程，它不是完全否定以前的东西，而是在原有的基础上进行改造创新，有利于资本获利的科学技术、思想文化和政策制度等可以保留，改变的只是阻碍资本获利的技术、思想和制度。

资本创新是自资本产生以来任何社会形态都必然存在的一种经济行为，而资本创新的成果就是社会经济不断发展的基础。马克思指出，火药、指南针和印刷术的发明是资产阶级发展的必要前提。恩格斯提出历史合力论，认为各种因素相互作用形成了一种历史合力，这种合力是社会发展进步的根本原因，而在形成这一历史合力的诸多因素中，经济因素起到了决定性作用，但是在不同的历史时期，这种起主导作用的因素是可变的。那么资本这一生产要素，自产生之日起就在形成这一历史合力的过程中扮演着重要的角色，资本创新对历史合力的形成也起到了重要的推动作用，从而推动社会持续进步。

① 马克思恩格斯《资本论》书信集［M］. 北京：人民出版社，1976：45.

第二节 资本创新的原因

生产力的高度发展引起了生产方式和社会形式的变革，从而引起资本创新。1846 年，马克思在致帕维尔·瓦西里耶维奇·安年科夫的信中批判蒲鲁东时指出，“人们永远不会放弃他们已经获得的东西，然而这并不是说，他们永远不会放弃他们在其中获得一定生产力的那种社会形式。恰恰相反。为了不致丧失已经取得的成果，为了不致失掉文明的果实，人们在他们的交往方式不再适合于既得的生产力时，就不得不改变他们继承下来的一切社会形式。”这段论述揭示了随着生产力的不断发展，那些不适应生产力的发展以及阻碍生产力提高的生产关系和社会形式都必须进行改变和创新。“一切旧的经济形式、一切和它们相适应的社会关系、曾经是旧的市民社会的正式表现的政治国家”都需要随着生产力的发展而进行革新。“人们借以进行生产、消费和交换的经济形式是暂时的和历史性的形式。随着新的生产力的获得，人们便改变自己的生产方式，而随着生产方式的改变，他们便改变所有不过是这一特定生产方式的必然关系的经济关系。”① 因此，分析资本创新的原因要围绕适应生产力的发展这一要求进行。归纳起来资本创新的原因主要包括利润的刺激引起的资本创新，市场竞争的外部压力引起的资本创新，生产和消费需求引起的资本创新。

① 马克思恩格斯《资本论》书信集［M］. 北京：人民出版社，1976：16-17.

一、追求利润的驱动

什么是利润？马克思在《资本论》中做过详尽的描述，他区分了剩余价值和利润，指出利润是剩余价值的表现形式，而剩余价值只有通过分析才得以从利润中剥离出来。在剩余价值中，资本和劳动的关系被暴露出来了：“在资本和利润的关系中，也就是在资本和剩余价值——它一方面表现为在流通过程中实现的、超过商品成本价格的余额；另一方面表现为一个通过它对总资本的关系而获得进一步规定的余额——的关系中，资本表现为一种对自身的关系，在这种关系中，资本作为原有的价值额，同它自身创造的新价值相区别。”①

分析资本总公式 G—W—G′，货币资本 G 投入生产过程，产出的是包含剩余价值的货币资本 G′，并且 G′>G，这就是资本家所追求的包含剩余价值的价值，但是当 G′<G，即当成本高于利润的时候，对利润的追求使资本被迫创新。

资本主义生产本身并不关心它所生产的商品具有什么样的使用价值，不关心它所生产的商品具有什么样的特殊性质。在每个生产部门中，它所关心的只是生产剩余价值，在劳动产品中占有一定量的无酬劳动，这是由资本的本性决定的。“从属于资本的雇佣劳动，按它的性质来说，也不关心它的劳动的特殊性质，它必须按照资本的需要让人们变来变去，把它从一个生产部门抛到另一个生产部

① 资本论：第 3 卷［M］. 北京：人民出版社，2008：56-57.

门。"①[1] 同样，"资本也会从利润率较低的部门抽走，被投入利润率较高的其他部门。资本具有更大的灵活性，更容易从一个部门和一个地点转移到另一个部门和另一个地点，因而劳动力也能够更迅速地从一个部门转移到另一个部门，从一个生产地点转移到另一个生产地点"②。因此，资本总是向能够为自己带来利润的生产部门转移，这一转移过程的实质就是资本创新。

资本具有增殖性，这是资本最本质的属性，也是资本创新的最根本原因，资本天生就是为了利润而存在的，因此资本创新的内在动力就是源于对利润的追求。资本从产生之日起就处在无止境地追求利润的过程中，在利润的刺激下，才会产生资本创新的需要，反过来，如果没有资本创新，就无法满足资本对利润的"无限欲望"。亚当·斯密《国富论》中的"经济人"假设，经济人即理性人，是指通过比较成本与收益来做出决策，实现利润最大化，因此追求利润是任何经济体的最重要的目的，获取利润是企业家实现自身价值的一个附加条件，当然以彼得·德鲁克的观点，也不排除不以利润为追求目标，而具有梦想和情怀的企业家。

利润不仅是资本创新的内在动力，更是判断资本创新结果的一个重要指标。资本创新既然是一种经济行为，那么这一经济行为必然会产生经济后果，在市场经济条件下，无论是技术进步还是文化发展、精神的充实，抑或是制度的完善，都要与利润挂钩，经济主体进行技术创新的目的是为自身带来收益，制度创新的目的也是能

① 资本论：第3卷［M］. 北京：人民出版社，2008：217.
② 资本论：第3卷［M］. 北京：人民出版社，2008：218.

够为市场经济主体追求利润提供更完善的制度支持，文化创新更是从经济价值层面为经济主体追求利润提供价值引导和精神鼓励。如果资本创新无法为经济主体带来利润，那么资本创新就没有任何现实意义。

在中世纪的欧洲，商业中心城市的人们通过经济贸易和创业活动使自己变得非常富有，然而财富却从来不是他们所追求的目标。中世纪的统治者利用金钱巩固其统治地位，而贵族们为了追求社会地位和名誉，只将财富作为一种工具，这时候对利润的追求并不是最终目的，而是实现其目的的一种手段。所以资本创新在这一时期也并未取得显著的成果。可见对利润的追求是资本创新的根本动力，失去这一动力，资本创新的效率也将大打折扣。

二、市场竞争的压力

为什么市场竞争要求资本创新？

市场经济主体的经济行为不仅与其内在动力有关，同时在很大程度上也受到外部压力的影响，对利润的追求是资本创新的内在动力，市场竞争就是推动资本创新的外部因素之一。市场经济不仅是一种追求利润的经济体系，更是一种竞争经济。竞争是一个优胜劣汰的过程，而资本创新的实质是革新之前不利于追求利润的方面，创新出为追逐利润行为服务的技术、文化、制度等，这与竞争的本质不谋而合。资本创新的能力决定了经济主体竞争的能力。

因为资本主义造成了生产规模的不断扩大，因此一方面资本家有强烈地追求利润的欲望，另一方面促使经济主体将生产成本压缩到最低从而取得竞争优势，这是资本主义生产方式最大的特点——最大化地节约使用不变资本，这同时也是资本家的职能。

市场竞争虽然是资本创新的外在动力，但是并不是说竞争越“完全”，资本创新就越能对经济发展带来正面效应。竞争的类型分为完全竞争和不完全竞争两种，资本创新在两种竞争类型中所产生的效果是不同的。在完全竞争的市场结构中，经济主体在获取收益时，由于竞争环境的影响，经济主体一般规模都较小，又没有保障创新持续收益的垄断力量，那么资本创新就缺乏动力，这样资本创新在没有利润可得的前提下，创新主体就会考虑创新成本，如果成本过高，那么创新就没有竞争优势可言，可能模仿他人的创新要比自己主动创新能获得更多的利润，因此创新活动也很难实现。在不完全竞争的市场结构中，又分为完全垄断、寡头垄断和竞争垄断三种类型，在前两种结构中，由于垄断主体的力量强大，缺乏竞争对手的威胁，也会造成创新的动力不足或匮乏。而最有利于资本创新的市场结构是介于垄断和完全竞争之间的市场结构，一方面经济主体预测到创新行为可以带来垄断利润；另一方面又担心由于竞争市场上其他经济主体的模仿或创新行为而造成自身利润降低，必须不断创新才能维持利润，这样创新行为会不断涌现，创新成果也会不断增多。

市场竞争如何导致资本创新?

在竞争性的经济环境中，对生产要素的重新组合指的是消灭生产要素的旧组合，并且是通过竞争的方式进行消灭。对生产要素的重新排列组合也是资本创新的一种方式，这是对生产条件的创新，通过市场竞争，可以淘汰掉阻碍资本获利的生产要素组合，或者改变原有的组合方式，因此市场竞争可以推动资本创新的进行。资本创新的另一种重要方式，是用不同的方式去使用已经存在的资源，由于市场竞争的存在，原先整合资源的方式已经不能满足经济主体对利润的需求，这时必须使用不同于以前的方式来使用现有资源，并将这些资源组合起来去完成新的目标，这是对生产方式的创新。无论是对生产条件的创新，还是对生产方式的创新，这都是由市场竞争所引起的资本创新。

无论竞争是发生在哪些经济主体之间，也无论竞争的类型如何，都改变不了竞争作为资本创新的外在动力这一事实。马克思曾论述过竞争是导致机器大规模使用的一个重要原因，从 19 世纪 20 年代开始，由于资本家和工人之间的矛盾斗争导致了机器的发明和广泛使用，然而我们知道，马克思在《资本论》中所阐述的经济现象是以资本主义国家英国为背景的，所以可以说这一情况仅适用于英国。欧洲其他国家机器的大规模应用，则是英国所生产的产品在欧洲国家国内以及国际市场上的激烈竞争。到了北美国家，机器的普及应用也是由于其他国家的竞争。在资本主义经济发展的早期阶段，竞争是导致机器生产和使用的一个重要原因，那么同理，在现代社会，竞争也必然是新技术的发明应用、新制度的完善推广、新文化思想的传播的外在动力。

三、“满足需求”的动力

恩格斯曾经说过，社会上一旦出现技术上的需求，那么这种需求要比十所大学更能把技术推向进步。这句话包含了双层含义，第一层含义是技术需求是社会需求的一个重要部分；第二层含义是需求是引起社会进步的重要因素。“现代社会中，消费在某种意义上成为资本主义社会发展的本质性需求。”① 消费在现代社会中具有重要的作用，带动经济发展，但是消费需求也趋于多样化，不再像计划经济时代那样，国家进行计划供给而不考虑需求的种类和多寡，而是有了需求才有创新的供给，可以说消费需求也是资本创新的外在动力。消费对经济增长具有基础性作用，充分挖掘消费潜力，满足消费需求，必须要创新转变经济增长方式，调整经济结构。

资本创新的目的是为了获取利润，那么获取利润必须始终围绕需求而进行，需求是指引创新行为不偏离轨道的重要因素。然而资本创新并不是为了满足所有的需求，创新主体进行创新之前要对需求有所筛选，不是所有的需求都可以通过技术创新等方式得到满足。“生产消费的需求是资本家的需求，他的真正目的是生产剩余价值，因此，只是为了这个目的，他才生产某种商品……这种需要实际上只是掩盖他榨取利润的需要。”② 因此，这种需求也是能够为创新主体带来利润的需求。

满足社会需求也是企业家存在的意义，企业家为了满足市场需求就必须进行创新，因此需求是资本创新的外在动力。企业家为了满足需求所进行的创新，跟科学家的发明创新是不同的，在市场经济条件下，企业家进行创新的动力依然是对利润的追逐以及外部的

---

① 王庆丰．《资本论》与资本的合理性界限［N］．光明日报，2016-01-27（14）．
② 资本论：第3卷［M］．北京：人民出版社，2008：210．

竞争压力，而恰好企业家的这一逐利的需要与满足社会需求是一致的，企业家就是围绕“市场需求”进行创新的。

在消费领域，消费需求是导致资本创新的又一个重要诱因，那么在流通领域，交易规模和生产规模的扩大也创造出了更多的需求，其中包括对交易方式创新的需求。以西欧的“香槟集市”为例，我们知道“集市贸易”是中世纪欧洲各国进行商品交换的一种非常重要的方式，这种“集市”就是交易的中心，也是批发货物的贸易中心。在12世纪上半叶，伴随着城市商人的出现，大大小小的集市也纷纷在西欧各国建立起来，其中最著名的就是“香槟集市”。由于处在交通要道的连接点上，利用这种得天独厚的地理位置优势，意大利、英国以及斯堪的纳维亚等国家纷纷将货物运送到这里进行交易。随着集市规模的扩大，这里发展成为欧洲的商业中心，交易的商人越来越多，为了方便商人的结算以及简化交易程序，期票、汇票等信用凭证应运而生。有需求就会有创新，在流通领域，为了适应不断扩大的交易规模，使得商品交易顺利进行，创新交易方式是必然之选。

经济主体为了满足需要而进行创新，起根本作用的仍然是利润的刺激以及竞争压力的推动。资本创新主体将利润动机与满足社会需求相结合，将消费需求转变成为资本创新的一个外部动力。资本创新主体只有创造出能够满足社会需要的产品或服务，才能获得利润，才能在市场竞争中占有一席之地。假如创新主体并不是为了满足需求而进行创新，那么他就是朝着相反的方向进行创新，其结果必然是成本提高且需求得不到满足。

第三节 资本创新的影响因素

创新是创新主体急于改变现状的主观要求，是一种不满足现状的欲望以及对未来的设想，也是创新主体面对现状不得不创新，维持现状会出现倒退的可能才被迫进行创新。熊彼特认为，创新是一种“内在的因素”，资本主义经济发展是由一种“内在的因素”——内部生产要素变革推动的，这一内部生产要素就是资本。所以说资本创新是一种革命，规避风险、权力寻租和垄断都是影响资本创新的因素。

一、风险对资本创新的影响

风险，是指对未来的一种预测，是经济主体在经济活动前对未来可能出现的亏损结果进行预测，这种事前预测有助于预防经济主体今后可能遇到的亏损，从而将损失降到最低，这是变相提高利润的一种方式。风险指代了一种不确定性，是生产目的与生产结果之间的不确定性，主要包括两层含义：一种是指生产收益的不确定，这种不确定性表明风险带来的结果是有收益或无收益；另一种是指生产成本和生产损失的不确定性，生产成本的不确定性表明风险带来的结果可能是要么损失要么获利，或者不损失也不获利。生产损失的不确定性表明风险带来的结果必定是损失的，但是损失的大小是不确定的。由此可以看出，风险与收益在经济生产过程中是同时存在的，有收益就必然有风险，两者成正比，高风险的经济活动必然会带来高收益，而低风险的经济活动虽然可以减少损失，但是利润也会随之降低。

规避风险是经济主体通过不同的方式降低风险可能带来的损失。规避风险不等于消除风险，一方面要降低风险发生的概率，另一方面要减小风险造成损失的程度。任何经济主体在从事经济活动的过程中必然要面对风险，没有无风险的经济活动，因此经济主体必须要有承担风险的能力才可以在市场中生存发展，当经济主体承担风险的能力不足时，获取利润就更无从谈起，这时迫切需要改变现状，资本创新就是经济主体规避风险的一种重要方式。

经济主体作为资本创新者在规避风险的过程中发挥着巨大的作用。企业家作为经济主体之一无疑成为规避风险的主要“负责人”。“企业家”（entrepreneur）最早见于16世纪的法语文献，是指“敢于承担一切风险和责任而开创并领导一项事业的人”①，企业在发展过程中需要承担一切风险和责任，而企业家就是领导企业来承担这一切的人。

企业家描述的是“同政府建立契约关系以规范商品和服务供给标准的这类群体。契约制定的价格是固定的，企业家一方面承担交易损失的风险，另一方面获得交易收益”②，“通过使用自有资金或（更经常地）借入资金来谋取经济收益，或者利用他人（包括公共

① 彼得·德鲁克. 创新与企业家精神［M］. 蔡文燕，译. 北京：机械工业出版社，2015：18.

② 戴维·兰德斯，乔尔·莫克，威廉·鲍莫尔. 历史上的企业家精神——从美索不达米亚到现代［M］. 姜井勇，译. 北京：中信出版社，2016：15.

机构）管理资产之便，通过降低交易成本或商业创新谋取一定的私利。……公职人员和企业家通过共同管理大规模生产和市场交易，挤压出一部分经济剩余，并将这些剩余用于再投资以获取更多回报”①。

规避风险也是围绕追求利润这一目的进行的，防风险就是稳增长，企业家可以通过创新宏观调控等方式来降低投资风险，因此，规避风险是资本创新的目的之一。

二、权力寻租制约资本创新

社会环境对资本创新的阻碍主要表现为权力寻租对资本创新的制约。物理学上的惯性理论指出，惯性是指物体抵抗其运动状态被改变的一种性质，那么类比人类社会中存在的被人们长期接受的行为习惯突然改变时，必定会遭到一部分人的谴责和反对，这种反对一方面来自已有法律和规则的约束，另一方面来自与之有利益关系的其他人群的反对。当创新威胁到一部分人的利益时，就会有人出来反对创新，同理当创新在短期内并不能为企业带来利益时，创新的阻力又会出现，尽管从长远来看，创新可能会给企业带来更多的利润。“超越或克服这种反对，经常是一种不存在于常规生活进程中的特殊任务，这种任务也要求一种特殊行为。”② 这种所谓的特殊行为也可以分为两种类型：第一种类型是在面对创新的阻力时，在对

① 戴维·兰德斯，乔尔·莫克，威廉·鲍莫尔．历史上的企业家精神——从美索不达米亚到现代［M］．姜井勇，译．北京：中信出版社，2016：15.

② 约瑟夫·熊彼特．经济发展理论［M］．何畏，易家详，等译．北京：商务印书馆，2014：99.

未来的创新成果无法预测并且为创新的风险无法承担之时，就会有一群具备特殊才能的人出现，他们在这里行使一种领导才能而非创造才能，他们将有预见性地将新发明投入到生产过程中为企业带来利润，这群人就是企业家；第二种类型面对法律规章的约束和其他相关利益群体的反对，而又受到逐利动机的驱使，就会产生一种“非正常”的逐利行为，即权力寻租。“逐利动机会带来效率还是会导致腐败盛行，投资者是否会在尽可能短的时间内大肆攫取利润而完全不顾企业死活?”① 资本的逐利动机是推动资本创新的动力源泉，然而这种逐利动机发展到极限就会使经济主体不择手段地去追逐利润。

资本是一种特殊的生产要素，可以实现自身增殖，并为资本所有者带来利润。资本具有双重性，积极性的一面是通过革新技术等方式促进生产力的发展，消极性的一面则是资本也会表现出惰性，它总是试图以较小的成本获取较高的利润。当资本所有者发现，通过权力寻租比通过技术创新等其他方式可以以更小的成本为企业带来更大的利润，他们便会使用资本购买权力，“权钱交易”会给企业带来利润，这样无疑破坏了市场公平秩序，降低了生产效率，不利于市场的健康发展。权力本来是为公众谋取福利的工具，现在却变成了权力所有者谋取私利的工具，造成权力异化，即腐败。这样资本就失去了创新的动力。当资本通过购买来的权力来获得利润时资本创新就显得非常多余。

---

① 戴维·兰德斯，乔尔·莫克，威廉·鲍莫尔. 历史上的企业家精神——从美索不达米亚到现代［M］. 姜井勇，译. 北京：中信出版社，2016：71.

回顾罗马帝国的历史，我们可以看到，罗马的公共机构通过掠夺帝国富裕地区的财产来巩固自己的统治地位，使得生产性创新活动严重受挫。掠夺来的权利变成了公共机构获取财富的工具，在整个国家形成了这种腐败之气，人们不再积极地进行生产创新，导致资源的浪费，社会资本也被肆意挥霍，整个罗马帝国经济出现了停滞。由此可见，对权力的滥用不仅损害了社会风气，更重要的是阻碍了资本创新，使社会经济发展停滞不前甚至出现倒退。

三、垄断对资本创新的双重影响

在近东起飞后的几千年内，是什么抑制了创业活动的发展？近一个世纪以来，人们认为是国家管制抑制了创新活动的发展。在古典时期，虽然说国家的计划管制导致了创新活动受挫，但是最早引进商业创新、实行统一的市场价格、建立统一的市场体系的却是“苏美尔和巴比伦的神庙与宫廷”，正是国家机构鼓励商业创新，国家不仅可以引进创新机制，更重要的是可以制衡社会中各种体制机制，为经济创新营造良好的制度环境。这一时期许多国家的覆亡并非由于国家的计划管制，而多半是由于寡头垄断控制了国家经济命脉，从而破坏了社会中的制衡机制，导致资本创新失去了政策和制度支持。

希腊罗马时代，寡头集团对资本创新的抑制还表现在，占据主导地位的社会理念仍然是依靠本国庞大的土地资源，实现自给自足，而并非通过可能会带来更大利润的商业贸易活动和放债等方式来发展经济。在这个时代，寡头集团势力非常强大，几乎垄断了整个国内市场，从而抑制了国内经济的发展。因为寡头政治伦理观念主张不在国内创造财富，而是从国外掠取财富，通过军事战争、俘获战俘和奴隶、强制贸易等极具破坏性的活动方式来实现财富的积累。这种伦理观念认为通过掠取他人财富来实现自己财富的增加是一种高尚的经济行为，至少是和商业牟利活动同样高尚，虽然这种掠夺带有剥削的性质。因此希腊罗马时代，寡头集团更倾向于通过破坏性的战争等方式获取财富，而不通过商业创新活动，很明显这就阻碍了资本创新在这一时期的发展。因为战争是实现资本积累的一个有效方式，“一旦获得军事胜利，帝国征服者便会强制被征服者纳贡和缴税，而城市神庙和宫廷的赋税负担则要轻得多”①。

除了古代社会的伦理观念导致垄断的发展外，获利是产生垄断的又一重要原因，所以从这个角度来看，垄断在一定程度上也会激发资本创新。由于垄断主体是价格的决定者而不是接受者，因此，对于消费者来说，垄断者通过对自己的商品制定高价格来获取利润，虽然这对消费者来说是不公平的，但是维持垄断现状的目的就是为了获取利润，从企业的角度来看，垄断在某种程度上来说确实给企业带来了利润。不同类型的垄断会带来不同程度的收益，垄断在某一发展阶段能够带来巨大的利润，但是随着垄断优势的逐渐削弱，利润也呈下降趋势，这时若维持垄断的现状只能导致更大的亏损，所以创新是改变垄断现状的唯一出路。

垄断大体上包括三种类型，拥有垄断资源的企业造成的垄断、

① 戴维·兰德斯，乔尔·莫克，威廉·鲍莫尔．历史上的企业家精神——从美索不达米亚到现代［M］．姜井勇，译．北京：中信出版社，2016：14.

政府造成的垄断以及自然垄断，不同类型垄断的目标是一致的，即最大限度地赚取利润。

1. 企业拥有垄断资源

这种资源使得企业生产出不具有替代性的产品（虽然现实经济中很少出现这样的垄断企业）。可能刚开始由于信息闭塞，拥有垄断资源的人可以在短期内获取高额利润独占市场，但是随着世界市场的形成和通信业的发展，垄断资源占有者渐渐失去优势，这时垄断资源已不能作为其获取利润的唯一手段，就必须要进行创新。

2. 政府创造的垄断

这是政府的一种奖励方式，即鼓励企业进行创造性活动。一些法律使得生产者成为垄断者，使其可以不受拘束地制定高价格来获取利益，政府之所以允许这样的行为发生，是为了鼓励创造活动。但也有可能这些垄断者的收益与其垄断成本相抵消，比如垄断者想要获得政府许可进行垄断经营，要么进行寻租活动，要么"需要雇用游说者来说服法律制定者"，这样形成的垄断可能会造成效率低下。因此政府创造垄断一方面鼓励创新，另一方面又阻碍创新发展。

3. 自然垄断

这是指当一个企业能以低于两个或更多企业的成本为整个市场供给一种物品或服务时，这个行业就存在自然垄断，在既定产量下，企业的数量越多，每个企业的产量越少，平均总成本越高。垄断利润吸引了企业进入市场，但是如果这个行业存在自然垄断，那么将要进入市场的企业就会担心进入以后成本增高，利润减少。市场规模也是决定一个行业是不是自然垄断的一个因素，当市场需求增加时，自然垄断者满足不了日益扩大的需求，就需要更多的生产者，这时垄断市场很有可能向竞争性市场转变。因此垄断者要么接受现实，从垄断者变为竞争者，要么进行创新，从而提高生产力满足扩大的市场需求。

那么，最有利于技术创新的市场结构既非垄断也非完全竞争的市场，而是介于两者之间的一种市场结构。因为，在完全垄断的情况下，有可能会出现一些技术创新，但是由于此时经济主体缺乏竞争对手，没有继续创新的动力，创新在这种情况下就会停止，而通过抬高价格等方式获取利润。在完全竞争的市场条件下，企业的规模都相对较小，因此就缺乏对技术创新所带来的持久收益的保护力量，此时企业家会权衡技术创新是否能带来更多的利润，如果没有利润可得，那么就没有必要进行技术创新而浪费资源提高成本，此时企业更倾向于进行模仿，因为模仿可以降低成本，在完全竞争的市场结构中创新也很难出现。而在介于垄断和完全竞争之间的市场上，企业家认为进行技术创新可能会带来垄断利润，受到这种利润的诱惑，势必会有创新的动力，同时企业家又担心自己创新出的产品有可能被竞争对手模仿或超越从而丧失垄断利润，在这种状态下最有利于创新的产生。

由此可见垄断对创新具有双重影响，垄断对资本创新的有利影响应当保持，因为适度的垄断可以为经济主体带来垄断利润，这在很大程度上刺激经济主体为了维持现有利润而进行创新，防止失去垄断地位而丧失已经获得的利润。因此，垄断对资本创新的积极影响主要表现在，垄断主体不创新造成的损失多于创新带来的收益，为了不失去已经获取的利益和在市场上占有的份额，就必须进行资本创新；但是反过来，垄断在一定程度上也阻碍了创新的进程，这就是垄断对资本创新的消极影响，主要表现在，由于垄断主体市场上没有相互竞争的对手，因此不创新依然可以获取利润。

第四节　资本创新的方式

资本创新的目的是获取利润，对利润的追求是资本创新的根本原因，而无论是市场竞争还是市场需求的外部压力都是围绕追求利润这一中心来推动资本创新的。在追求利润这一过程中，经济主体会竭尽所能利用不同的方式实现资本创新，因此资本创新的方式也是多种多样的，总体来说主要包括以下三种：第一种方式是破坏既有的经济结构，因为有“破坏”才能有“创新”，不打破原先的经济结构就无法形成新的结构，也无法完成生产要素的重新组合；第二种方式是技术创新，历史上的两次工业革命都可谓技术革命，从第一次的工业革命迎来了蒸汽时代，第二次科技革命将人类带入信息技术时代，足以见得技术创新在经济发展以及人类社会进步过程中的重要作用；第三种方式是资本形态的创新。资本形态是资本的要素之一，资本在运动过程中表现出不同的存在形式，当某种资本存在形式阻碍资本获利时，就有必要创造出新的资本形态。

一、打破原有的经济结构

在熊彼特的创新体系中，创新被定义为对生产要素的重新组合。

熊彼特从作为资本创新者之一的企业家层面解释创新的内涵，他将发展定义为执行新的组合，包括五方面：第一，采用一种新的产品——也就是消费者还不熟悉的产品。第二，采用一种新的生产方法，这种方法并不需要以科学技术上的创新发展为前提条件。第三，建立一个全新的市场，这个市场无论以前是否存在过，它是国家的某一制造产业部门过去没有踏入的市场领域。第四，控制或者获取生产材料的新的供应来源，这种生产材料的来源以前是否存在或者是不是第一次被创造出来都不重要。第五，要建立一个新的工业组织，取得垄断地位或者打破原有行业的垄断地位。其中第五方面，实现任何一种工业的新的组织——形成或者打破企业在市场上的垄断地位，就是破坏了原有的市场经济结构，形成一种全新的市场经济格局。

熊彼特所处的时代，是重工业占据主导地位的时代，生产要素以劳动力、土地、以机器设备为主要存在形式的资本等，各类生产要素的比例关系决定了工业时代的经济结构是以重工业为主。随着时代的变迁，生产要素的组合和比例关系发生了改变，因此经济结构必然发生改变，这是由创新带来的改变，归根结底是由资本创新所带来的改变。资本作为一种生产要素，与劳动力和土地等生产要素并列，但有其独特的作用。资本的形式千变万化，但是目的只有一个，即自行增殖、追求利润。任何一个经济结构，不但要重视它的要素特性及其结合形式，同时也要重视它的比例关系。生产要素的重新组合不仅包括组合要素的方式，同时还包括要素之间的比例关系的改变，任何一种改变都会使原有的经济结构发生改变。

到了知识经济时代，资本与知识形成一种良性的互动关系，资本的投入促进新知识的产生，打破以往只以物质资本进行投资生产的结构模式。企业在实践发展过程中运用新知识，将新知识投入运用于生产过程中为企业带来利润，而企业的利润可以作为资本再次投入到新的研究中产生新知识，这样无限良性循环，就是资本创新的过程。在信息技术时代，以信息技术为主导的产业（互联网+）发展，也打破了原有的经济结构，在这一过程中，金融资本、人力资本等生产要素占据重大比例，因此资本创新使经济结构不断变化从而满足提高生产力的要求以及实现资本增殖的目的。

二、革新技术

技术的创新在很大程度上依赖于科学发展的情况，而科学的发展在更大的程度上依赖于技术的现状和创新发展的需要。这里所说的技术创新，与普通的创造发明不同，技术创新是指企业家将一种新技术新发明应用于生产领域并创造出能够带来效益的产品。企业家深受“实用主义”观念的影响，他们最擅长将理论知识转变为现实技术、将科学家的发明转变为能为自身带来利润的产品。因此企业家是技术创新的推动者，他们将潜在的生产力转变为现实的生产力。企业家在技术创新的过程中发挥着巨大的作用，他们能够认识发明家的创新发明的价值所在，并可以将这些发明投入生产领域，表面上看企业家是充分利用了新的发明并为企业带来利润，实质上是将发明家的价值也充分挖掘出来，可谓一举多得，组合配置各种资源要素，使整个社会活跃起来。企业家的目的是为了获取利润，而为了达到这一目的，就必须利用科学家发明的先进技术，所以他们就必须想方设法将这些发明家和科学家组织起来为达到自己的目的服务，"企业家创造的是一种不断激发人们创新，且能使任何有价值的创新不被埋没的制度"①，可以说企业家是"创新"的创新者，他们"生为创新而活"，没有了创新他们也就失去了存在的意义和价值，失去了生命力，从而失去了追逐利润的动力。

恩格斯曾说："蒸汽机教我们把热变成机械运动，而电的利用将为我们开辟一条道路，使一切形式的能——热、机械运动、电、磁——互相转化，并在工业中加以利用。"② 机器的发明应用改变的不仅仅是我们的日常生活，还可以为企业带来丰厚的利润和回报，社会生产力也因为机器的大范围使用而有了显著的提高。可见，技术革新是资本创新的重要方式，在资本主义社会，技术创新所带来的生产力的极大提高到最后可能会产生一个后果，即资产阶级已经不能胜任对资本主义生产力的管理。

无论是哪个国家，"如果没有使用蒸汽发动机的机器工业"③，并且自己无法满足本国对工业品的需要，那么这个国家就无法在世界各国中立足，也无法保持竞争力。科学技术的应用和普及同样给国家发展带来了重要的影响，"科学技术是第一生产力"现在看来也是放之四海皆准的发展原则。

马克思《资本论》中对科学技术有过详细的论述，大机器时代，

---

① 戴维·兰德斯，乔尔·莫克，威廉·鲍莫尔．历史上的企业家精神——从美索不达米亚到现代［M］．姜井勇，译．北京：中信出版社，2016：90.

② 马克思恩格斯《资本论》书信集［M］．北京：人民出版社，1976：409.

③ 马克思恩格斯《资本论》书信集［M］．北京：人民出版社，1976：527.

机器的发明应用推动生产力发展，但同时也为社会带来了不小的负面作用。机器的大规模使用直接产生的后果就是相对过剩的劳动人口，为了提高生产效率，资本家大规模地使用机械设备进行生产而不再大量雇用工人为其劳动；还有一个明显的后果就是机器的普及，导致分工的精细和专业化，随着劳动分工的发展，工人的生产技能逐渐退化，退化到只能机械地进行操作，人的作用等同于机器。因此，虽然创新生产技术可以带来生产效率的大幅度提高，但同时也给人类带来了“灾难”，机器越普及，人就越“退化”。

科学技术创新是资本创新的重要方式，技术的重要性不言而喻，而熊彼特始终认为发明不是创新，他为了强调企业家的重要作用而忽视了技术的重要性，他认为新的生产方法不需要建立在创新科学技术的基础之上。

为了加深对技术创新的理解，首先可以从对技术的理解着手分析。经济学家凡勃仑将资本主义社会一分为二，即“工业部门”和“金钱部门”。前者所对应的是技术体系，后者对应的则是制度体系，这就是著名的“凡勃仑二分法”。凡勃仑认为“技术是社会变迁的动力，制度行为则是社会变迁的阻力”①。“熊彼特和凡勃仑都是以演化观为基础来解释资本主义发展的内在机理，只不过切入的角度不同。”② 共生演化是一个生物学概念，指的是两种不同生物之间所形成的紧密互利关系。在共生关系中，一方为另一方提供有利于生

---

① 陈劲，贾根良．理解熊彼特——创新与经济发展的再思考［M］．北京：清华大学出版社，2013：141.

② 陈劲，贾根良．理解熊彼特——创新与经济发展的再思考［M］．北京：清华大学出版社，2013：149.

存的帮助，同时也获得对方的帮助。在凡勃仑看来技术与制度的关系就是如此，他强调的是技术和制度共生演化，他的技术理论主要包括三个层面的含义：第一，技术创新的原理；第二，企业家的创新行为和行为基础；第三，技术与制度的相互关系。

美国制度主义经济学家克拉伦斯·艾尔斯提出过“工具结合原理”：第一，从文化层面对技术进步进行解释，指出，“技术进步是已有的工具、材料等发明物结合在一起的结果”；第二，技术进步绝非偶然，而是一种必然的结果，是由先前的一系列已经存在的物质实体或工具进行结合所产生的一种全新的结果；第三，“创新经常是由那些头脑简单、从而根本认识不到这些创新是多么不寻常的人做出的”①。艾尔斯的工具结合原理从文化层面、物质实体层面以及人的意识三个层面对技术进行详细的阐释。

由此可见，技术对经济社会发展的重要意义不言自明。“凡勃仑二分法”和艾尔斯的“工具结合原理”从不同角度说明了技术对社会变迁的推动作用以及技术创新可能是偶然的现象，但是技术进步一定是必然的结果。

所以可以说资本创新与技术创新也是一种共生演化的关系。“在资本主义条件下，适当的技术创新要能有助于人们达到凡勃仑所说的‘金钱的生活水准’，要符合‘金钱的爱好准则’，总而言之，要能够创造利润”，“如果一项新技术与金钱标准格格不入，或者一个人的创新妨碍了现存制度结构中的既得利益者盈利，那么这项技术

① 陈劲，贾根良．理解熊彼特——创新与经济发展的再思考［M］．北京：清华大学出版社，2013：142.

不可能被推广，这个人也不可能成为企业家。”① 技术被创造出来的目的是供人使用，但是如何使用这一技术需要在特定的社会环境下来决定，在资本主义社会，技术的使用是为了给经济主体带来利润。技术创新需要有资本的支持才能够进行，资本创新刺激并推动技术创新。企业家的经济活动本质上就是资本创新的过程。

技术创新可以节约生产成本，尽可能缩短流通时间。第一，资本主义导致生产规模的扩大化，大规模的生产的特征之一就是生产条件的节约，这种节约是这样产生的：这些生产条件是社会劳动的条件，是社会结合的劳动的条件，这种条件是作为劳动的社会条件来执行生产职能的。第二，生产资料的大规模集中和应用所产生的生产条件的节约，工人聚集在一起进行协作劳动，这种社会劳动的结合是节约成本的前提条件。所以说剩余价值来源于单个工人的剩余劳动所生产的剩余产品，那么这种生产成本的节约则来源于集体的劳动，来源于劳动的社会性质。在这一过程中所进行的生产技术的改良等也是由大规模聚集在一起的工人的生产所提供生产经验和观察所产生的。马克思在《资本论》中提出：“周转时间或它的两个部分（生产时间和流通时间）中的任何一个部分的缩短，都会增加所生产的剩余价值量，从而提高利润率（因为利润率只是所从生产的剩余价值量和参加剩余价值量生产的总资本的比率）。缩短生产时间的主要方法是提高劳动生产率，这就是人们通常所说的工业进

① 陈劲，贾根良．理解熊彼特——创新与经济发展的再思考［M］．北京：清华大学出版社，2013：154.

步。……缩短流通时间的主要方法是改进交通。"① 因此，通过技术创新改进交通工具和设施，可以节约流通时间，提高生产效率，从而有效提高利润率。由此可见，技术创新推动资本创新。

虽然创新技术是经济主体获利的一个重要途径，但是却并非唯一的方法。"新技术和新设备并非提高生产率的唯一重要手段。创业成功的关键方面还包括：建立人际关系的方式，劳动力和利润分享的方式，融资方法、产品销售和配送渠道。"② 技术创新固然重要，但是如果技术不被商业化，也不能为企业带来利润从而实现经济的增长，古代企业的显著特征就是先进技术并未商业化，因此社会经济增长非常缓慢。

三、创新资本形态

资本在其现实运动过程中是以一些具体形式存在着的，对资本的这些具体形式来说，无论是在直接生产过程中采取的形态，还是在流通过程中采取的形态，都只是表现为资本特殊的要素。当资本在运动过程中的这些具体形态变成了阻碍资本自身增殖的"躯壳"，就必须对这一"躯壳"进行改造创新，即资本形态的创新。

资本创新的根本目的是实现利润最大化，然而在不同的经济发展时代，实现利润最大化的方式是不同的，这主要取决于哪一种资本形态占据主导地位。利润率是指剩余价值和全部预付资本的比率，

---

① 资本论：第 3 卷［M］. 北京：人民出版社，2008：83-84.

② 戴维·兰德斯，乔尔·莫克，威廉·鲍莫尔. 历史上的企业家精神——从美索不达米亚到现代［M］. 姜井勇，译. 北京：中信出版社，2016：73.

利润率取决于资本的有机构成，即不变资本和可变资本的比例。在资本主义大工业时代，机器设备作为不变资本所占比例高于劳动力这一可变资本所占的比例。在知识经济时代，人力资本开始受到重视，作为可变资本所占比例要高于物质机器等不变资本（固定资本）才可以提高利润。在信息技术时代，金融资本和人力资本作为可变资本依然占据很大比例，高于物质资本这一不变资本。在知识经济和信息技术经济时代，可变资本的比例高于不变资本，因此创新的领域主要集中在可变资本，即知识创新、技术创新、管理创新等方面。但并不是说可变资本越高越好，主要看不变资本与可变资本的比例关系。

马克思在《资本论》（第二卷）开篇主要论述了资本的形态变化及其循环，所谓的“资本”，指的是产业资本，即投入到各个生产部门中的资本，而资本形态变化是指在资本循环过程中，货币资本G、商品资本W以及生产资本P之间的转化过程。以货币资本的循环为例，货币资本循环过程分为三个阶段，第一阶段：G-W，是指资本家在商品市场和劳动力市场上购买生产资料和劳动力，从而将货币资本转化为商品资本；第二阶段：W…P…W′，资本家利用其所购买的生产资料和劳动力进行生产，将商品资本W转化为W′（W′的价值大于W的价值）；第三阶段：W′-G′，资本家把生产出的商品W′投入商品市场获得货币G′，从而将商品转化为货币。在货币资本循环的过程中，资本形态经历了货币资本—生产资本—商品资本—货币资本转化的过程，货币资本G经过一系列的转化实现了价值增殖，$G'-G=\Delta G$，ΔG就是资本家获取的超额价值，即剩余价值。资本主义生产的目的就是实现G-G′的转化，获取△G。

值得一提的是，马克思在《资本论》中对货币资本、商品资本、生产资本的划分是一种抽象的、逻辑的、概念上的划分，它们是为了执行产业资本的职能而存在的不同资本类型，而非资本具体形式的转变。资本形态作为资本追求剩余价值的方式，就是指货币资本G在购买商品资本W过程中实现货币增殖的方式（G-W…P…W′-G′），也即生产资本P的具体存在形式。随着资本主义经济的迅猛发展，“资本的躯体可以经常改变，但不会使资本有丝毫改变”①，资本的形态可以发生变化，但资本追求剩余价值的本质不会改变，改变的只是不同的经济发展阶段资本的存在形式，而当资本形态已无法满足其追求剩余价值的要求时，就必须创新资本形态。

资本形态创新的实质是追求剩余价值方式的创新。马克思所处的时代，资本家为了获取剩余价值，必须先购买生产资料和雇用劳动力（资本的具体存在形态）进行规模生产。随着市场经济的发展，资本形态随着商品形式的丰富也出现了新形式，过去的资本存在形式已无法满足经济发展的要求，甚至阻碍了资本追求剩余价值，因此，创新资本形态势在必行。

简单来说，资本形态的创新主要包括以下几方面：

（1）技术资本。机器大工业时代，为了提高生产率、降低劳动成本，科技被广泛应用于生产领域，传统手工业时代对厂房、土地、自然资源等商品资本的需求逐渐转向技术领域，技术的变革又使资本的优势更加明显。

---

① 马克思恩格斯选集：第1卷［M］.北京：人民出版社，2012：345.

（2）知识资本和人力资本。马克思劳动价值理论指出，一切商品的价值都是由人的劳动创造的。知识经济时代，劳动者对新知识的需求日益剧增，劳动力素质不断提高，脑力劳动逐步代替体力劳动，知识资本作为一种新的资本形态对企业利润的影响越来越大。而知识资本只有通过人才能发挥出本身的潜在价值，人力资本与知识资本相结合，可以为企业带来丰厚的回报。关于人力资本最早的例子就是，奴隶主通过对奴隶进行生产技能的培训来提高奴隶的自身价值，随后将提高了价值的奴隶出租给需要奴隶的人，奴隶主获得的收益就是自己对奴隶的投资回报。一些奴隶主拥有家族产业，并将自己的管理任务分配给业务能力较强的奴隶，让他们代为管理家族事务和一些商业交易活动。虽然那个时候还没有"人力资本"的概念，但是对奴隶的技能培训以及任命，充分说明了人力和知识等作为资本的具体存在形式也可以实现资本逐利。

（3）制度资本。制度作为一种无形资本，在为资本增殖扫清障碍方面发挥重大作用。20 世纪 70 年代，为了应对改革开放初期国家对于税种和税率规定频繁变动的问题，彭真建议"以国务院行政法规和暂行条例的方式对税率、税种进行规定，等经济条件成熟，再将法规条例上升为法律规定"。这是国家制度为改革开放经济发展、资本逐利做出贡献的最好例证。

资本本身的固有矛盾，即资本主义的固有矛盾造成的直接后果就是周期性的经济危机爆发，减轻或化解危机的方式有很多，其中资本形态的创新就是其中之一。当今中国，制造业和服务业仍处于粗放型的增长模式，国际市场竞争并无显著优势。以有形资本——

机器、厂房、自然资源等为主要形式的资本形态生产出的产品已无法满足逐渐多样化的消费需求，从而造成有效供给严重不足，资本在追求剩余价值的过程中受到了阻碍，而这一阻碍就是单一化的资本形态造成的，为了解决这一供需矛盾，创新资本形态势在必行，以技术资本、人力资本、知识资本、制度资本等为主要存在形式的新型资本形态实现了资源优化配置，直接或间接地促进了生产力极大发展。

资本创新的方式除了破坏既有的经济结构、创新技术和创新资本形态之外，还包括交易形式的创新、企业经营管理方式的创新等。以“无记名支票”的产生为例，商人交易方式的创新也是在对资本利润的追逐过程中根据交易的需要而产生的。曾经盛极一时的亚述帝国，亚述商人在追逐利润的过程中，带动了某一地区纺织品和铁制品的生产，这一地区用生产出的产品交换白银，并将白银再运回亚述帝国，贸易规模不断扩大，这些商人将贸易收益要么用于其他商业活动，要么用于组建新的商人团队，要么重新投资企业，要么放贷给其他商人等。这些商业贸易活动一方面带动了这一时期亚述帝国的经济发展，另一方面又在贸易活动中创造出了新的交易方式，为了方便远距离交易，信贷贸易逐渐兴起，这可以说是“无记名支票”的最初形式。熊彼特曾经说过，“能获取暴利和准租金的重大创业机会在于创造出新的商业经营方式”①。因此，创新交易方式和商业经营方式也是获得利润的重要方式。

---

① 戴维·兰德斯，乔尔·莫克，威廉·鲍莫尔．历史上的企业家精神——从美索不达米亚到现代［M］．姜井勇，译．北京：中信出版社，2016：68.

第二章　资本创新的“文化土壤”

资本始终在追求用最小化的成本和最低化的风险实现最大化的利益，满足最多元化的需求。在追求利益的过程中，如果能给资本的生存和发展提供丰富的思想文化土壤，那么资本必定能结出丰硕的果实。

“就像技术创新可以放宽资源约束一样，思想观念的创新可以放宽政策选择面临的政治约束。”① 这一论述的意思是说技术创新拓宽了资源的利用方式，提高了资源利用效率和生产效率，思想观念创新拓宽了创新的思路，使经济主体进行选择的时候不被有限的政策束缚。由此可见，文化思想观念使经济主体摆脱传统观念和政策的束缚，为创新活动拓展了新思路。

文化软实力与经济硬实力需要协调发展。科学技术直接影响资本创新，决定了资本创新的速度，实现经济飞速发展；文化思想间接影响资本创新，决定了资本创新的质量，实现经济的可持续发展。

① 戴维·兰德斯，乔尔·莫克，威廉·鲍莫尔．历史上的企业家精神——从美索不达米亚到现代［M］．姜井勇，译．北京：中信出版社，2016：VI.

在经济发展过程中，所谓的文化思想观念不过是商业伦理的代名词。商业伦理，是一种商业道德观念，它的目标是在经济活动过程中建立合理的道德秩序，促进人的全面健康发展，与此同时重点关注市场上由于利益纠纷而发生的诈骗、贿赂、胁迫等乱象，消除这些负面现象产生的思想根源。古代社会，传统的商业伦理受到了低效率的社会价值观和国家政策的压制，无法充分发挥作用，在现代社会，先进的文化思想观念可以使经济主体摆脱政策以及落后价值观念的束缚，为资本创新提供文化支撑。

第一节 商业伦理价值观对资本创新的影响

西方曾经在长达几个世纪的时间里比世界上其他国家更加富裕，并在世界各地建立自己的殖民地，成为无法超越的神话。所有这些经济奇迹，除了源于西方先进的科学知识以及发达的工业技术外，文艺复兴运动、商业伦理的形成以及宗教信仰的传播等思想文化发展也是西方“傲视群雄”的重要条件。

一、西方个人主义精神对资本创新的影响

资本主义产生以后，人们开始尝试创造自己的生活，并且有机会去了解全新的世界，从而选择跟以前不一样的生活方式，这一转变与科学进步、思想的传播以及商业的发展密切相关。这种全新的生活方式随着思想以及技术的传播在欧洲流行开来，从意大利的商

业城市向法国、德国等欧洲低地国家传播。这种新的人生观倾向于向没有受到专制统治的地方传播，并在这些国家得到了充分的发展，成为这些国家政治统治的基础。17 世纪后期到 18 世纪，这种自由主义价值观再次得到了充分的发展，以新的形式传到西方与东方以及新大陆，以英国为例，英国人身上具备了很多优于其他民族的美好品质，如独立自主、自力更生、承担风险的责任感、创造性、包容性、对权力和权威的质疑等等，这些优良品德都深受个人自由主义观念的影响，这造就了工业革命首先发端于英国。但是在这些自由主义盛行的地方，由于战争和政治上专制制度的压迫，与自由主义价值观相适应的商业发展受到了阻碍。

（一）希腊、罗马时代的“个人主义精神”

早在希腊罗马时代，个人主义精神盛行。这一时期的个人主义精神是关于人们取得社会地位和名誉声望的军事伦理，以及在当时盛行的寡头政治伦理。这种伦理价值观以军事征服和放债作为获取收益的重要手段，同时非常反对商业的逐利行为。这种伦理价值观认为商业是对贵族伦理观念的一种践踏，是一种贪财牟利行为，与亚里士多德的观念相吻合，即社会更容易接受自然经济条件下自给自足的生产方式。然而贵族阶层对商业企业阶层的压制和鄙视恰恰是希腊、罗马经济腾飞的一个重要原因。

商人和企业家阶层首次出现与“美索不达米亚的公共神庙和宫廷”有着密切联系。美索不达米亚的价值观与希腊罗马的贵族伦理价值观大相径庭，它在经济上赞成积极宽松而非专制压迫的价值观，这无疑促进了商业的发展。但是，由于希腊、罗马的非生产性逐利方式抑制了商业的发展，美索不达米亚地区的商人阶层最终走向灭亡。

在希腊、罗马时代盛行的贵族经济伦理价值观“同民族、政治和经济等级上高度分化的罗马商业角色（企业家扮演着从属角色）相辅相成”①。这种价值观并不利于经济贸易的发展，罗马社会的这种伦理价值观支持通过战争、剥削等非生产性方式获取财富，而非通过生产性方式追逐利润，这无疑会抑制企业家阶层的崛起以及创新经济活动的产生。罗马在这一时期通过战争的方式聚敛财富：抢夺战利品、俘获战败国奴隶、高息放贷、征收被征服国的贡品等等，这种方式极大地破坏了企业家创新精神的萌芽和发展。罗马共和国最后 50 年可谓腐败盛行，国家腐败所带来的财富要远远大于商业活动所带来的收益，权力的各种滥用、军队的肆意掠夺等行为屡见不鲜，对财富的欲望、自私贪婪的逐利行为弥漫在整个罗马共和国。从公元前 2 世纪起，罗马整个国家铺张奢靡的消费都是建立在对国外的掠夺基础之上，“得自小亚细亚的贡品和高利贷、西班牙的煤矿采掘（大多数由奴隶开采）以及持续至马克·安东尼和凯撒东征之后的对埃及的掠夺”②。

虽然希腊、罗马时代盛行的贵族经济伦理价值观在一定程度上抑制了商业的发展，但是在整个近代欧洲历史发展的过程中，个人

① 戴维·兰德斯，乔尔·莫克，威廉·鲍莫尔．历史上的企业家精神——从美索不达米亚到现代［M］．姜井勇，译．北京：中信出版社，2016：30.

② 戴维·兰德斯，乔尔·莫克，威廉·鲍莫尔．历史上的企业家精神——从美索不达米亚到现代［M］．姜井勇，译．北京：中信出版社，2016：40.

逐渐从日常生活中的习惯和成规的束缚中解放出来，当这种个人解放发展到一定程度以后，人们开始认识到通过个人的努力可以产生一种关于经济活动的复杂的社会秩序，即经济规则。

（二）“骑士精神”

另一个制约欧洲资本主义萌芽和发展的主要原因是欧洲贵族阶级的存在，而贵族阶级本身所具有的骑士精神又是阻碍欧洲商业活动的最根本原因。贵族阶层鄙视商业活动，认为凡是涉及攫取财富的商业活动都会损害自己尊贵的地位。“在 18 世纪以前的一些欧洲国家（特别是法国），法律禁止获封贵族从事除农业、王室服务和福利事业以外的任何商业活动。”① 欧洲国家的贵族们认为金钱财富仅仅是一种显示自己高贵的身份以及提高或保持社会地位的手段，然而追求这种物质财富活动本身并不值得提倡。即使贵族阶层鄙视金钱以及一切与金钱有关的活动，也改变不了其社会生活与金钱千丝万缕的联系，他们通过政治手段聚敛财富，并将财富用于一切与提高社会地位有关的活动中，而不是通过创新经济手段等方式获取财富。因此，资本创新在这种“骑士精神”下受到了压制。

（三）“文艺复兴”后的个人主义精神

个人主义价值观在文艺复兴时期首次得到充分的发展，我们所了解的西方文明就是得益于个人主义的盛行与发展。所谓个人主义，

---

① 戴维·兰德斯，乔尔·莫克，威廉·鲍莫尔．历史上的企业家精神——从美索不达米亚到现代［M］．姜井勇，译．北京：中信出版社，2016：123-124.

就是尊重个人，尊重个人的看法和追求。一些在现在看来得不到尊重和坚持的品质，例如，勤劳独立、自力更生、敢于冒险和承担风险、作为少数人能够坚持自己的信仰和观点不动摇、愿意与他人合作的精神等，“这些实质上都是个人主义社会据以运作的基础”①。

个人主义价值观的盛行导致了个人活力的空前解放。与这种个人活力解放并行产生的结果就是科学技术的快速发展，这也是为什么工业革命首先发生在西方而非东方的重要原因，科学技术的成果随着个人自由主义价值观从意大利向其他国家传播。在人类社会早期，少数人已经表现出很强的创造力，当科学技术还处于停滞阶段的时候，钟表制造业等机械产业的发展就是最好的证明。但在这一时期占据主导地位的核心价值观束缚着人们的思想，当大多数人接受了这种观念便会阻碍少数发明家的发明之路，例如，少数发明家试图将技术发明应用于工业生产过程中，可是这种先进的观念和行为却被多数人认为是不实用的，发明家的创新行为受到了压制，他们追求知识的欲望也被阻碍。

随着人类社会的进步发展，当个人自由的理念逐渐渗透进经济领域，产业自由为自由使用新知识开辟了道路，也为创新行为开拓了广阔的空间。经济的发展进步需要建立在有人支持的基础之上，这类人我们可称之为企业家，企业家阶层的产生与个人自由主义价值观的引导密不可分。企业家对经济进步的这种支持不仅包括技术上的创新，还包括对创新行为所面临的风险的预测和承担，并且这

---

① 弗里德里希·奥古斯特·冯·哈耶克．通往奴役之路［M］．王明毅，冯兴元，等译．北京：中国社会科学出版社，2015：226.

种对新知识的应用和尝试是在民间进行的，并非官方所提倡，只有这样才能将知识和科学技术的创新推广开来，从而改变世界的面貌，思想和技术的进步以及商业的发展都源于个人自由主义价值观的发展。

基督教和古典哲学提供了个人自由主义的原则，商业的发展与个人价值观的形成有着不可分割的联系，因此基督教的教义以及基督教的教会机构深深地影响着商业活动的发展。基督教的《圣经》和教会法（或教规）构成了企业家创业生活的一个重要维度，是企业家开展创新活动的精神支柱。基督教的观点在商业活动中随处可见，并可以在世俗的商业文献中找到证据。以高利贷为例，早在中世纪，《旧约全书》和《新约全书》中都有对高利贷信条的规定，将任何利息都视为不可饶恕的罪恶，这种对高利贷的处理方式影响了欧洲的创业环境。

二、古代中国的商业文化观念对资本创新的影响

现在将视线转移到中国，众所周知，古代中国就有对阶层的划分——士农工商，从这种阶层划分可以看出商人排在最末位，足以见得古代中国对商人阶层的鄙视。深受中国封建文化思想的侵蚀以及对自身文化产生的自豪感和优越感，认为“中国曾是最富裕和最值得自豪的文明社会……沉溺于优越感使他们对机会置若罔闻”①，封建中国的闭关锁国政策同样阻碍了经济的发展，中国在这样的优

① 戴维·兰德斯，乔尔·莫克，威廉·鲍莫尔．历史上的企业家精神——从美索不达米亚到现代［M］．姜井勇，译．北京：中信出版社，2016：2.

越感中错失了工业革命为世界带来的经济发展机遇以及与世界其他国家经济交流的机会，这样的闭关自守导致了中国在理应进步的时候停滞不前。

宋代理学的兴起，使得商人阶层的社会地位得到了提高，士大夫阶层和商人阶层之间的“界限日趋融合”，差距逐渐缩小，造成这一现象的原因主要是：第一，经济变迁（明朝时期商品市场的发展）；第二，国内外交易扩张；第三，16世纪末中国经济的货币化进程使小农家庭生产的商品不断流入市场。“官商两者间关系密切的最好体现，便是越来越多富商在家族内部职业分化的趋势。”① 许多商人的子嗣都有机会参加科举考试跻身士大夫阶层，而商人经商获取的商业财富是其子嗣走向仕途的经济保障。19世纪后半叶，魏源提出“师夷长技以自强”，清政府为了抵御西方列强的入侵，需要引进西方先进技术和方法，在这一过程中，政府官员发现只有与欧洲列强进行贸易往来的中国商人才有资金和能力管理这些“新式企业”，这些商人就是中国买办，至此，商人阶层的社会地位得到明显提升，官商之间的联系日益紧密。明朝时期受多方面因素的影响，商品市场形成，随后的清朝仍然实行针对商人阶层的自由放任政策。清朝时期政府对经济活动并不感兴趣，因此商人就实行自治，制定商规，建立行会。

明朝时期新儒学（理学）思潮占据主导地位。新儒学起源于北宋，反对佛教“一切众生皆为虚幻”的观念，提倡以善良和有意义

① 戴维·兰德斯，乔尔·莫克，威廉·鲍莫尔．历史上的企业家精神——从美索不达米亚到现代［M］．姜井勇，译．北京：中信出版社，2016：571.

的观点看待生命和自然界。新儒学最伟大的践行者朱熹，教导弟子走出书斋，把“格物致知”当作进业修身的核心。传统儒家观念认为，一个人的自我修养和道德感悟最重要，社会生活中的人类行为规范和自然界的运行规律浑然一体。因此，朱熹的训诫一开始便遭到注重冥思和自省的人们的反对。明朝中期，王阳明创立的心学为人们所广泛接受。在他看来，自然界和其他一切现象只存在于人们的意识中，均为人类意识的产物。王阳明认为，研究和探讨个体所处的外在世界已失去哲学意义，只有主体性、内省性和直觉性才是有意义的。虽然中国在17世纪出现了一种新哲学思潮，强调向认真考证和经世致用的回归，但心学已给科学进步和科学试验的发展造成了不可估量的损失。尽管中国从不欠缺重大科学创新和技术应用，却并未产生独立走向现代技术突破所必需的现代科学，由此可见，传统的文化价值观阻碍了中国资本创新的进程。

第二节　资本主义精神与资本创新

恩格斯在驳斥那些歪曲马克思唯物史观的观点时指出，经济状况是基础，但是上层建筑的各种因素在对历史斗争的进程产生影响并有可能决定斗争的形式。这些上层建筑的各种因素包括：阶级斗争的各种政治形式和这个斗争的成果——由胜利了的阶级在获胜以后建立的宪法等等，各种法权行使以及所有这些实际斗争在参加者头脑中的反映，政治的、法律的和哲学的理论，宗教的观点以及它们向教义体系的进一步发展。上层建筑对经济的发展具有能动的反作用，政治、思想、文化和精神等上层建筑是资本创新顺利进行的外部条件。

一、"禁欲主义职业观"是资本创新的前提

18 世纪神学家约翰·卫斯理曾说过：历史上的宗教运动对经济发展具有重要意义，最重要的就是宗教禁欲主义的教育影响，而宗教运动所带来的经济效果，在宗教运动逐渐归于平静时才会显现，教徒对于上帝的盲目崇拜逐渐转变为对现实世界的理性思考，宗教的理想主义慢慢让位于世俗的功利主义。

马克斯·韦伯认为，理性资本主义之所以产生，一方面由于理性经济主义的发展，以及制度与技术问题的出现；另一方面由于个人或群体的理性行为，这种理性行为受到了宗教以及各种神秘力量的约束，在西方主要由于宗教信仰和各种宗教活动对宗教徒产生的心理约束力，这种宗教力量影响了人们的日常生活以及个人行为。宗教之所以产生这种约束力，归根到底是由于宗教教义所衍生出的思想。韦伯认为，新教改革后所形成的"禁欲主义职业观"，使人们将在现实世界中的各种活动和行为都回归理性，在经济领域的表现就是关注企业的资本积累、劳动者数量的增加以及质量的提高、科学技术的创新发展对生产效率的影响等，这些活动都是近代资本主义发展必不可少的条件。

禁欲主义的职业观在企业家身上得到体现，一方面企业家最大限度地追求利润，另一方面要尽量地节俭和克制消费，辛勤劳动可

以满足上帝的需要。毫无节制的消费就是不应该的，冲动的消费行为对上帝的荣耀会产生不好的影响。这种禁欲主义职业观产生了一种积极的影响——实现资本的大量积累，为资本主义兴起提供了坚实的经济基础。对于劳动者来说，辛勤劳动、认真工作的行为就是为上帝增添荣耀的行为，这样就为资本主义经济发展提供了大量质量较高的劳动力。新教改革后形成的“禁欲主义职业观”，使无论是作为劳动者的新教徒还是作为企业家的新教徒，他们赚钱的目的都围绕为上帝增添荣耀，在现实世界里，经济行为趋于理性化，从而实现了社会以及个人的财富大量积累。衡量一种职业是否为上帝带来了荣耀，其标准就是获得财富的多少，这就为资本创新提供了价值标准和外在动力。

宗教改革后形成了一种宗教教义，这种教义包含着理性的内容。它使人们的经济行为更加理性，为了追求财富的最大化，便创造出能够提高生产效率的工具。宗教改革推动了理性资本主义的兴起和发展，在西方的历史发展进程中，偶然的宗教改革产生了超过预期的后果，并显示出理性的特征，主要表现为：技术的进步、财富的空前增加、国家竞争力的提高。

在这种宗教改革的背景下发展起来的西方资本主义，在脱离宗教根基的情况下，转化为一种受物欲支配的资本主义，机器的大规模使用和资本的过度积累都是这种资本主义的主要特质，“禁欲主义职业观”在现实世界转化为理性资本主义，对财富的追求已经与宗教教义相去甚远。韦伯认为资本主义的发展以宗教改革为基础，却偏离了宗教精神的轨道。

在《资本论》第三卷中，马克思也指出“在资本主义生产占统治地位的社会状态内，非资本主义的生产者也受资本主义观念的支配”①，并描述了巴尔扎克的现实主义小说《农民》中的小农是如何受到资本主义经济观念的影响，为高利贷者服务的，从小农的角度看，他不花费自己的现金为高利贷者白白劳动；那么从高利贷者的角度来看，一方面可以享受农民的劳动成果而不用支付任何报酬，另一方面将农民一步步卷入高利贷者的“蜘蛛网”中。由此可见，资本主义的观念对生产方式具有支配性的影响，因此文化思想对资本创新的重要意义不言而喻。

虽然宗教教义对资本主义精神的发展提供了重要依据，但是有研究表明，获得经济实力的欧洲基督教徒却并非真正意义上的基督徒。他们使用创新的生产技术和生产管理方法，而且也信奉基督教，但这种经商之道却并非来源于宗教教义或法规，“在第二个千年初期发生的政教分离，使欧洲企业家能在基本上是非宗教的空间内发展出各种制度，而且通常无须担心宗教的反对”②。可见企业家精神的发挥有时正是由于摆脱了宗教的束缚，在自由的文化氛围里通过创新技术、制度、文化等实现资本主义经济的蓬勃发展。

二、资本主义精神是资本创新的文化条件

宗教信仰在经济领域发挥的作用也不容小觑，历史实践证明，

① 资本论：第3卷［M］. 北京：人民出版社，2008：47.

② 戴维·兰德斯，乔尔·莫克，威廉·鲍莫尔. 历史上的企业家精神——从美索不达米亚到现代［M］. 姜井勇，译. 北京：中信出版社，2016：102.

宗教信仰并不是经济发展的障碍，相反，是经济不断发展的强大驱动力。马克思·韦伯在研究宗教观念对经济伦理以及人的经济行为所产生的影响时得出结论：新教伦理对西方资本主义精神的产生以及资本主义经济活动都具有重大的影响力。韦伯强调宗教理性化有两个显著特点：第一是消灭巫术的程度；第二是新教伦理与现世间的伦理取得了一致性。在传统天主教的观念里，世俗劳动是不光彩的活动，教会法则规定，获取财富是不道德的行为，这是一种会使上帝产生不满的行为，因此鄙视传统劳动。与此相反，新教伦理则肯定了世俗职业的神圣意义，认为劳动是上帝安排的任务，人们在世俗世界的工作都是为了履行上帝的“召唤”，并认为为上帝服务是一种荣耀，获取财富就是指人们在职业活动中取得了成功，这是上帝选民受到恩宠的标志。

马克斯·韦伯认为，宗教改革产生了新教，信奉新教的教徒有一种积极入世、禁欲主义的晋升，追求财富和努力工作，反对挥霍浪费，按理性的方式做事，成为社会认可的成功者，在意识中成为上帝的“选民”，这种精神随着新教的传播不断地蔓延，成为一种阶层和社会的现象，形成了资本主义精神。从韦伯的角度看，新教伦理与资本主义精神之间的因果关系是前者决定后者，从而资本主义精神促进了资本主义经济的发展，这是一种唯心主义观点。从历史唯物主义角度看，经济基础决定上层建筑，虽然经济因素和文化因素在资本主义发展过程中都起到了至关重要的作用，但是归根到底经济因素起决定性作用，因此，资本主义的产生和发展的决定性因素是资本主义的生产力和生产方式，这与韦伯的观点正好相左。

新教伦理对资本主义精神的影响表现在以下几方面：

第一，新教伦理以宗教的方式确认了正当追求财富在信念和道德中的合法性，从而为资本主义的发展提供了实际的心理动力。新教伦理把合理地追逐财富看作上帝的意愿，肯定了盈利活动的合法化，使西方社会走出了中世纪传统宗教伦理的禁锢。这对资本主义的发展首先从信念和道德上做了准备，形成了一种以增加财富来获得上帝恩宠的原动力。

第二，新教伦理强调合理限制消费，推动了资本的积累。新教徒把劳动看作人生的终极目的，极力反对无节制的享乐消费。对于新教徒而言，努力地工作，增加财富是其道德追求，不合理的挥霍被认为会丧失上帝对他们的恩宠。这样新教徒积累的财富又用于赚钱，正如韦伯所言："一旦限制消费与牟利行为的解放结合起来，不可避免的实际结果显然是：强迫节省的禁欲导致了资本的积累。"

第三，新教伦理调节了资本家和工人的矛盾。从资产阶级的诞生而言，新教伦理使其存在具有合法性，而且产生这样一个现象：对于资本家，他们会更加努力地经营，为了获得更多的财富，获得上帝更多的恩宠。对于工人而言，他们为了获得上帝的恩宠必须努力工作，从而使工人成为资本家最理想的工人。"由于雇主的经营也被解释成为一种天职，因此使剥削这种明确的劳动心愿成为合法行为。显然，只有完成天职的义务，通过教规自然施加的，尤其是无产阶级必须履行的严格禁欲主义，才能实现对天国的专心搜索。"①

① 杨彦明．论西欧资本主义兴起的精神因素——解读《新教伦理与资本主义精神》[J]．河西学院学报，2006，22（3）：39-42.

这在一定程度上调节了资本家和工人之间的矛盾，有利于资本主义经济发展。

由此看来，新教伦理加速了资本主义精神的形成，为资本创新提供了文化条件。新教伦理的“入世”观念，影响了资本主义的发展，在欧洲社会普遍形成了一种积极进取的工作态度，促进了经济的发展。

宗教影响着欧洲社会核心价值观的形成，同时也影响着欧洲商业活动，影响着商业活动中经济主体的创新行为。虽然在某个历史阶段个人自由主义价值观以及商业活动受到战争或者政治因素的压制，但是宗教教义对资本主义精神的影响却是持续的。

马克斯·韦伯在《新教伦理与资本主义精神》一书中引用了本杰明·富兰克林的话，将资本主义精神概括为珍惜时间、讲信用、用钱生钱、勤劳、节约、守时、公正、谨慎、诚实等品质，这些品质是一种独特的伦理观，将赚钱视为人生的唯一目的。资本主义精神主张“在现代经济秩序中，只要干得合法，赚钱就是职业美德和能力的结果与表现”①。以职业责任为中心的伦理观在资本主义发展中具有重要的地位，这样的伦理观造就了一批成功的企业家，促进了资本主义经济的蓬勃发展。资本主义精神不是自然而然形成的，它是宗教改革的结果：“天职观”—新教伦理—资本主义精神。

资本主义精神在企业家身上表现为，一种强烈的、尽可能多地赚钱或者获利的动机。在资本主义精神里，赚钱并不是用来消费和

① 杨彦明．论西欧资本主义兴起的精神因素——解读《新教伦理与资本主义精神》[J]．河西学院学报，2006，3：39-42.

享乐的，而是资本家的最终目的。对资本家来说赚钱既然是目的，那些用来获利的有效率的、理性的手段当然必不可少。资本主义精神在劳动者身上则表现为，“集中精神的那种能力以及绝对重要的忠于职守的责任感，严格计算高收入可能性的经济观与极大地提高了效率的自制力和节俭心最经常地结合在一起”①。韦伯发现体现在劳动者与企业家身上的这种“资本主义精神”强烈地渗透着一种有着宗教背景的“天职”观念，这种“天职”的观念和新教改革中的加尔文教教义有着密切的关系。“马克斯·韦伯认为，追求社会地位的动机可能支配了人们的经济动机。”②

文艺复兴等思想文化运动与宗教改革一样影响资本主义的产生和发展。马克斯·韦伯强调宗教改革对新教徒的影响，新教徒所形成的“天职观”，即积极进取、勤俭工作的态度，忽视了文艺复兴等文化运动对社会的影响。14 世纪中叶到 17 世纪初起源于意大利的文艺复兴运动，其意义不仅在于产生了诸多的文艺作品以及至今仍有影响力的哲学家、艺术家、政治家等，更重要的是改变了人们的生活态度，人们开始重视现世生活，充分发挥创造力和创新精神，提倡个性发展。在道德方面，人们认为事业的成功和发财致富就是一种道德的行为，追求的是物质上的满足，并非虚无缥缈的神话。韦伯将新教徒所具有的这种积极进取的精神归结为宗教改革，而不是

① 孙宗伟．论近代西方资本主义兴起的精神动力——马克思·韦伯《新教伦理与资本主义精神》解读［J］．宝鸡文理学院学报（社会科学版），2004，24（2）：7-10.

② 戴维·兰德斯，乔尔·莫克，威廉·鲍莫尔．历史上的企业家精神——从美索不达米亚到现代［M］．姜井勇，译．北京：中信出版社，2016：9.

文艺复兴的影响，具有一定的片面性。

英国工业革命前夕，即1640—1740年这100年间，在英国加尔文教派随着政权更迭，经历了在社会中占主导地位到面临被新政权清除的命运，以及后来虽然被议会保护其宗教权利的加尔文教徒（异教徒）仍不能谋求与政府或教会有关的职位或教职。异教徒在这一政治事件中，并未受到真正的压迫，他们仍享有信仰自由，“具有挑战精神”。“由于发现自身不能通过正常途径来谋求财富、权利和社会声望（只有英国国教信徒才能借助这些途径），异教徒只能设法寻找其他仍向他们敞开的途径，即通过创建工商企业、从事贸易经商及金融银行和工业实业（当然还有商品农业）等途径，来获得成功，追求财富。在自我期许和社会压力之下，他们也可能有证明自己的强烈心理冲动和社会动力。”①

还有学者认为（阿什顿），教育体系也影响了异教徒群体，“由于传统的教会学校与国家赞助的学校和大学拒绝接收异教徒学生”，因此，异教徒群体只能自己建立属于自己的教育学院——异教徒院校，这些异教徒学院所教授的课程更符合“科学革命及随后英国工业革命的需要”。②

宗教运动对英国加尔文教徒（异教徒）带来双重影响：一方面降低了他们在社会中的地位，剥夺他们谋求财富的权利；另一方面

---

① 戴维·兰德斯，乔尔·莫克，威廉·鲍莫尔．历史上的企业家精神——从美索不达米亚到现代［M］．姜井勇，译．北京：中信出版社，2016：134.

② 科学革命：始于1660年，发源于欧洲，文艺复兴时代结尾之时，开始了科学进步的历程，这个历程持续到19世纪，科学革命的冲击造成了启蒙运动的出现，影响了欧洲社会。

刺激他们通过新的途径追求财富和成功，这一新的途径就是资本创新——创造新企业、开辟新行业、学习新知识等，为英国工业革命做了充足的准备。

资本主义精神的形成和发展不仅受到宗教改革的影响，文艺复兴等文化运动、其他西方世俗文化和价值观也对资本主义精神的产生起到了重要作用。因此，可以说包括宗教改革、文艺复兴等文化运动、“大量世俗文化”、其他西方社会价值观等都为资本创新提供了文化条件。

第三节　现代社会思潮对资本创新的影响

在一个急剧变革的时代，除了传统的观念仍在发挥作用外，新涌现的各种社会思潮或思想流派也影响着资本创新，具有代表性的社会思潮主要包括：新自由主义思潮、民主社会主义思潮、新左派和创新马克思主义思潮。

一、对私有制的肯定有助于推动资本创新

私有制是保证市场经济发展的前提，私有制不仅可以提高生产效率，减少社会资源的浪费，还有助于提高经济主体创新的积极性。肯定私有制积极作用的现代社会思潮主要包括新自由主义思潮、民主社会主义思潮和创新马克思主义思潮。

新自由主义思潮对资本创新的影响主要表现在以下三方面：第

一，新自由主义思潮认为市场在经济发展过程中起着重要作用，强调经济发展由市场引导而非国家调控和干预，一切经济行为，包括贸易、金融和投资等都实现自由化发展，而一些私人垄断企业或寡头集团自由控制国家经济、文化、政治等领域的发展。政府不过多干预社会的发展，尤其是不干预经济的自由发展。新自由主义思潮主张建立“小政府”和“弱政府”，政府的大部分公共行为应该由经济主体的活动所代替。我国受到这一思潮的影响，也主张建立“小政府”，这一“小政府”的含义是建立一个小而强大的政府，所谓“小”，是指政府机构要小、人员要尽量减少、对社会的干预要少，而所谓“强”，意思是国家、政府的作用要大要强，建立这样一个政府的真正目的其实是要扩大垄断集团的势力，强化垄断组织的作用。这样一方面可以调动经济主体创新的积极性，另一方面垄断组织的扩大也可以实现资本的集中，从而为资本创新提供坚实的基础。第二，新自由主义思潮提倡私有化，认为私有化是保证市场机制在经济发展过程中充分发挥作用的前提，相对于国有企业而言，私人企业是高效率的企业，并且主张对各种公共资源实行私有化改革。这种主张有助于提高资本创新的效率，使创新主体更加多元化和自由化，使经济效率不断提高，利润不断增加。第三，新自由主义思潮还主张福利个人化，反对建立福利国家以及提高劳动人民的福利，将福利这种原本需要国家提供的资源转为由个人提供。与北欧的福利国家相比，新自由主义思潮的主张在社会保障方面实现个人化，有助于提高个人工作的积极性，而并非依靠国家的福利补贴来生活，这样人们为了维持生活并获取福利，必须努力工作。资本创新在这样的背景下可以顺利进行，人们为了提高工作效率必然会进行各种创新活动，国家不再为人民提供福利，必然会为此制定出相应政策和法律法规来实现福利个人化。

民主社会主义思潮由来已久，这一思潮伴随着国际共运实践兴起和发展传播。民主社会主义思潮关于经济制度方面的观点主要包括三方面：第一，主张生产资料资本主义私有制与社会主义市场经济不是对立的，且前者是后者的实现条件，并不区分公有制与私有制，认为生产资料所有制结构并非衡量社会性质的标准。第二，民主社会主义思潮并不否认私有制的主体地位，而是在坚持私有制主体地位的前提下，主张国有企业、私人企业以及其他经济成分同时并存的混合所有制经济制度，反对以坚持公有制为主体的经济制度以及共同富裕的思想，支持以按资分配为主的分配方式。第三，民主社会主义思潮支持私有制的主体地位，所以认为消灭私有制和阶级从而实现共产主义是一种空想，无法实现。这一思潮对经济发展的影响主要围绕所有制结构展开，肯定了私有制的合法地位以及主导作用，私有制是提高生产效率、实现生产力发展，并且与社会主义市场经济兼容的一种经济制度。这种观点维护了经济主体的私人利益，肯定了他们所取得的经济成绩，并能够承认和保障这种成就，提高了他们进行创新的积极性，对资本创新起到了一定的积极推动作用。

创新马克思主义思潮在社会发展的整体方向以及基本原则方面与中央是保持高度一致的，对经济制度的影响主要表现在：坚持生产资料公有制不动摇，并维护社会主义公有制经济的主体地位，不仅从数量上提高社会总资产和经营性资产的优势，还要从质量上进行改进。创新马克思主义学派认为社会主义与资本主义经济制度方面的本质区别就是生产资料所有制结构的不同，生产资料公有制不仅有量的优势，更有质的优势，公有制经济是社会主义上层建筑的经济基础，以公有制经济为主导，但适时进行战略调整，将公有制与非公有制放在同等重要的位置，共同发展，或者大力扶持非公有制经济的发展，其根本宗旨是实现中国特色社会主义市场经济的持续稳定发展。创新马克思主义在社会主义本质、原则以及最终目标方面与马克思主义无异，解放和发展生产力、消灭剥削、消除两极分化，实现共同富裕，最终建立一个消除私有制、商品经济、阶级和战争的共产主义社会，而这一过程非常漫长，同时需要技术、文化和制度方面的创新，因此创新马克思主义思潮从理论上推动了资本创新。

二、反对全球化和市场经济改革阻碍资本创新

新左派思潮反对全球化和市场经济改革，正处于经济转型期的中国深受这一思潮的影响：首先，新左派认为全球化使中国卷入资本主义发展浪潮中，从而引发一系列社会问题。无论是国内企业市场经济占有率下降，还是西方意识形态的不断渗入都是由于全球化、国际资本以及发展市场经济引起的，这样不利于国内经济的发展以及传统文化和意识形态的发扬与传播。与新左派思潮的观点相反，自由主义学派主张中国的社会问题主要来自内部而并非全球化导致的，解决社会问题的方法是要进行市场经济改革，而且经济改革要

与政治制度改革同时进行，相互促进。其次，新左派除了反对全球化之外，还认为贫富差距不断增大是由市场经济改革造成的，实现经济公平要比单纯实现经济增长更重要。新左派支持马克思共产主义的再分配理念，认为背离这种再分配方式是不道德的。新左派认为腐败以及权力寻租行为导致了政治权利的不平等，而专制则是导致经济上不平等的主要原因。

新左派反对全球化、否定市场的主导地位等，这在一定程度上不利于资本创新：首先，因为全球化纵然带来许多社会问题，但是不可否认全球化为世界各国带来了许多发展机遇，在全球化进程中可以引进国外先进技术和管理经验、借鉴他们的先进思想文化等等，这无疑有助于推动资本创新。其次，市场经济改革本质上是一种创新，针对市场经济发展过程中出现的矛盾问题，创新科学技术、生产方式、组织方式等，清除阻碍经济发展的各种不利因素。所以说，反对全球化和市场经济改革不利于资本创新。

第三章　资本创新的外部条件

资本创新要想持续进行，除了需要内部动力的刺激之外，还需要外部条件的推动，这些外部条件主要包括企业家和企业家精神、法律法规、制度供给等。前面分析过，资本在创新过程中会遇到各种阻碍创新的因素：第一，创新风险；第二，资本的惰性导致的权力寻租；第三，垄断造成的创新动力不足。当资本创新遇到这些阻碍时，就需要外部条件的推动。

资本创新既然是一项经济创新行为，那么必然会产生风险，而企业家又恰恰具备这样的职能，可以最大限度降低创新风险，提高利润；资本的惰性导致权力的滥用，造成资本创新动力不足，这就需要完善的法律制度和政策来保护资本创新；垄断对创新的影响是复杂的，针对垄断阻碍资本创新的情况，需要《反垄断法》《反不正当竞争法》等法律法规来规范制约寡头集团的不正当垄断行为，为资本创新扫清障碍。由此可见，外部条件与内在动力一样在推动资本创新持续进行的过程中发挥着重要作用。

第一节　资本创新与企业家

随着城市和农村经济的发展，在社会中出现了一批“有效率的经济组织”①，这种有效率的经济组织就是企业。企业是在特定的社会背景条件下产生和发展起来的，这种社会背景包括特定的社会关系和社会制度，如法律契约关系和法律规章制度、由一定的思想观念所形成的社会共识、相应的个人权利与自由及其保护等。

企业的目标是追求利润最大化，要实现这一目标，必然需要企业家的支持。

企业家其实就是商业创新者的同义词，是在自己所经营的企业中，跟随市场经济等外部环境的变化，“有能力成功引进和维持富有成效且有利可图的经济变化的人”②。熊彼特《经济发展理论》一书中详细描述了企业家所具备的特征：第一，企业家具有梦想和意志；第二，企业家具有征服欲；第三，企业家将创造视为快乐的事。资本创新从某种意义上可以理解为企业家创新，是企业家利用资本进行创新。正如熊彼特所说，资本并不是具体的商品，而是企业家借以使用的工具，是企业家进行创新的前提条件。

---

① 道格拉斯·诺思，罗伯斯·托马斯．西方世界的兴起［M］．厉以平，蔡磊，译．北京：华夏出版社，1999：5.

② 戴维·兰德斯，乔尔·莫克，威廉·鲍莫尔．历史上的企业家精神——从美索不达米亚到现代［M］．姜井勇，译．北京：中信出版社，2016：147.

一、企业家的职能

“企业家”的称谓很现代，但是企业家本人的活动却“历史悠久”。因为企业家是“组织和管理生产要素的人”，而“生产要素”的组织和管理“像文明一样源远流长”。[①] 企业家具有独特的价值观（个性特征）：重视生产和经营目标，愿意承担合理风险，重视信守诺言、保持信任和践行商德，重视社交网络和家族血缘关系，这种独特的价值观就决定了企业家具有独特的职能。

企业家在不同的经济发展阶段具备不同的职能，概括起来主要有：资本积累的职能；发现经济机会的职能；生产职能；利用市场不均衡状态进行交易的职能等四个方面。

第一，在马克思所处的自由资本主义发展阶段企业家与资本家的职能是基本等同的，其主要职能是实现资本积累。

资本的本质是追求剩余价值，资本家作为人格化的资本，他的首要任务自然是不断地追逐利润，这是资本家履行职能的前提，“只有剥削自由工人的劳动资料占有者才是资本家”[②]，这也是资本家的本质特点。

资本家的利润是这样来的：“他可以出售他没有支付分文的某种东西”[③]，这种东西就是工人创造的除劳动价值以外的那部分剩余价值。马克思所处的自由资本主义时代，资本家是指占有生产资料并

---

① 戴维·兰德斯，乔尔·莫克，威廉·鲍莫尔．历史上的企业家精神——从美索不达米亚到现代［M］．姜井勇，译．北京：中信出版社，2016：107.

② 马克思恩格斯《资本论》书信集［M］．北京：人民出版社，1976：441.

③ 资本论：第 3 卷［M］．北京：人民出版社，2008：50.

无偿剥削劳动者的剩余价值用于出售从而获取利润的一类人，工人最终生产出的产品的所有权都属于资本家，资本家同时掌握产品的经营权，他可以出售由劳动者生产的产品，这一时期所有权与经营权统一于资本家。而企业家自产生之日起就作为资本组织者行使职能，他们不仅是资本的组织者，更是资本的生产者，没有企业家，资本就无法发挥自身的潜能，新的资本也不会产生。从这一层面来说，这一时期资本家与企业家的职能是等同的。

企业家是实现资本积累的主体。资本积累的一个重要来源是储蓄，在封建社会，储蓄往往是统治者通过强制性税收对人民进行压迫，统治阶层用这部分资金来满足自己的奢华生活，而不是进行扩大再生产，因此人民的储蓄欲望是极低的。当具有冒险精神的企业家出现，他们将储蓄用于有利可图的地方，并最终获利，这会在某种程度上提高人民的储蓄欲望，提升储蓄率，那么资本积累也随之增加。

最原始的资本积累都是通过非经济的手段进行的，如税收、地租、借贷等。企业家将积累的资本聚集起来进行生产，成功将传统社会的经济模式转变为现代社会的经济模式：从过去的生产效率低下到现在的生产效率飞速提高，从过去的非自愿的低储蓄率到现在的出于自愿的高储蓄率，从过去的生产规模较小到现在的生产规模无限扩大，从过去的生产方式单一化到现在的生产方式多元化，等等。这些转变离不开企业家的冒险精神和创新精神，是企业家利用资本这一生产要素实现的。企业家是资本这一生产要素的组织者，他们为了最大限度地发挥资本的潜能来获得利润，一方面创造出新的组织制度，如建立了现在的金融组织制度，使得资本在市场上实现自由流动；另一方面可以自由使用不属于自己的资本，借用他人的资本来进行生产，这种做法“为那些有组织才能但是缺乏资本或资本不足的人开拓了企业家之路”①。

马克思所处的资本主义社会，资本积累还有一个重要的来源，即通过交易所来实现资本积聚。恩格斯在揭示交易所的本质时指出，交易所改变的是从工人那里剥削来的剩余价值的分配，而如何分配这一剩余价值对工人来说是没有意义的，然而交易所朝着集中的方向改变着分配方式，这就加速了资本的积聚。交易所可以激活闲置资本，将这些资本集中起来，并且集中于少数人——企业家手中，通过这种方式，将这些闲置的资本分配给工业领域，实现工业的发展和振兴。

第二，发现机会也是企业家的重要职能之一。② 经济增长是现代社会发展的重要推动力，而企业家在经济增长的过程中发挥着无可取代的作用：企业家利用自己敏锐的洞察力，发现一切可以为自己带来利润的机会，如丰富的自然资源、不断扩大的消费需求等，将尚未被开发的自然资源投入到生产过程中，并说服资本家利用手中积累的资本，将新的经济机会转变成现实生产力，可以说企业家是资本创新的载体。

所谓发现机会，就是寻找市场中潜在的不平衡以及制造市场的

① 张维迎，盛斌．企业家：经济增长的国王［M］．上海：上海人民出版社，2014：82.

② 张维迎，盛斌．企业家：经济增长的国王［M］．上海：上海人民出版社，2014：74.

不均衡。市场的不均衡是指供给结构和需求结构之间的不均衡，企业家根据这种不均衡的状态，发现潜在的市场需求，去开发潜在市场，创造出满足消费需求的产品。企业家不仅要发现这种市场不均衡，还要制造市场不均衡来实现经济增长，当企业家创造出全新的市场供给，新的供需不均衡就会产生，只有在这种不均衡中，企业家才有用武之地。无论是发觉潜在的市场不均衡还是创造新的不均衡，企业家的终极目标都是为了获取利润，带动经济增长。

既然企业家有发现机会的眼光，那么就要充分利用这些机会来达到赚取利润的目的。企业家发现市场不均衡，要将潜在资源转变成现实生产力，就是要将生产要素重新进行整合。“生产要素（资本、劳动力、资源、技术）是进行生产的前提条件，没有生产要素的存在，生产是无法进行的。”① 但是生产要素本身是无法为企业带来利润的，这就需要企业家将这些生产要素进行重新排列组合，充分发挥统筹协调的职能。熊彼特曾指出，企业家创新就是为了实现各种生产要素的“新组合”，从而引导生产向新的方向转移。

第三，企业家作为生产者，他的职能是将生产要素转化为商品。每当发现市场存在不均衡的时候，企业家就化身生产者，作为资源市场和商品市场的纽带，将生产要素转化为商品，充分发挥资源的利用率，来满足商品市场上未被满足的需求，从中赚取利润。企业家一方面利用未被开发的资源进行创新生产，另一方面在原有资源的基础上，重新进行生产要素的配置，提高资源的利用效率和利用

① 张维迎，盛斌. 企业家：经济增长的国王 [M]. 上海：上海人民出版社，2014：79.

方式，通过降低生产成本来赚取利润。

第四，企业家作为商品市场的交换者，他的职能是充分利用市场的不均衡状态，进行交易活动来获取利润。由于市场上买卖双方的信息不对称性、空间的局限性、时间的滞后性等因素，导致交易者无法及时获取交易信息，造成不可避免的损失。企业家在这种情况下，就利用这种不均衡来进行创新活动：针对买卖双方的信息不对称，企业家可以低价买进高价卖出，从中赚取差额；由于空间上的局限性，企业家可以通过拓展物流行业来实现远距离交易，从而满足不同地方的市场需求和市场供给；企业家具备前瞻性的战略眼光，看准市场发展趋势，提前做好准备，创造出市场上还没有的产品来满足已经出现的消费需求。假如市场处于一种均衡状态，那么企业家也就没有存在的必要，正因为市场处于一种不均衡的状态，企业家才有余地发挥创新精神，围绕追逐利润这一目标进行资本创新。

二、资本创新需要企业家精神

亚当·斯密提出“经济人假设”：经济主体都希望利用尽可能少的资源来获得尽可能多的利润，为此可以使用各种手段，因此，除了创新生产方法外别无选择。在整个经济发展史的变迁中，我们可以看到，影响经济增长的因素是多种多样的，随着社会朝着多元化的方向迈进，除了资源和劳动力外，技术、思想文化、组织制度等因素都会成为经济增长的动力或阻力。现代社会进步于传统社会的一个重要方面就是“新”，新的技术、新的方法、新的理念、新的制度等，一切都处于不断变化发展的过程中，而企业家就是这些变化的“始作俑者”。

企业家可谓“创新者”，他们不仅具有冒险精神，还具有创新精神。企业家精神是指对任何获利的机会有高度敏锐度的一群人充分抓住这些机会并进行创新活动的一种品质，正如熊彼特所说，正是由于企业家善于快速抓住新的获利机会，才产生了一种新的不均衡，为创新提供了新的条件。企业家抓住机会的同时，其实是创造了一个新的市场，为了满足新的市场需求，必须建立新的组织形式，创造新的生产方法，这一过程就是资本创新。在这一创新过程中，企业家不仅为自己创造新的机会，也为他人创造了机会，创新的出现会使市场陷入“无限不均衡状态”，形成一种良性循环，即“创新—实现不均衡—抓住创新机会”，这是企业家精神发挥作用的最好例证。假如缺乏这种企业家精神，市场就不会产生或很少会出现那种不均衡状态，创新的行为也会随之减少，企业家可以发挥所长的地方也会越来越少，经济便会出现停滞，形成一种恶性循环。

企业家的创新活动是一个循环过程，当一项创新活动可以为企业带来盈利，企业家便会将创新成果应用于生产经营活动中，同一产业的其他企业家看到了“创新”的盈利潜力，便会进行“模仿创新”，这时候一开始给企业家带来利润的创新成果便会因为其他企业的加入而使利润降低，甚至没有利润，最先创新的企业失去了竞争优势，那么为了重新获得利润，就不得不去进行再创新。由此可见，资本创新是一个无限循环的过程，一旦经济主体停止创新，利润便会随之减少甚至消失，利润是资本创新的内在动力，没有利润的推动，创新就无法继续进行。

第二节 资本创新的市场条件

哈耶克在《通往奴役之路》一书中，阐述自己关于市场经济发展的观点和自由主义的理念时指出，“市场经济是人类迄今所能发现的最有效率且较为理想的一种资源配置体制”①，中央计划经济虽然在特殊时期可以为社会经济带来巨大发展，但是计划经济体制“会限制个人自由、摧毁人们的责任感和社会的道德基础；会阻碍财富的生产，造成社会贫困；亦会导致集权主义政府的兴起”②。支持哈耶克观点最有力的现实证据就是20世纪80年代苏联解体和东欧剧变后各国转向资本主义制度，以及中国实行市场经济体制改革并取得了成功。由此可见，市场经济改革带来了个人的解放以及对自由追求财富的支持，这是经济主体进行资本创新的前提。

市场经济是一种以利润和竞争为导向的经济制度。在人类社会发展过程中市场经济被证明是一种最能刺激人类创新发展的经济制度，根本原因在于市场经济把追求利润作为经济主体从事各种经济活动的首要目标。利润是刺激经济主体进行创新的内在动力，竞争

---

① 弗里德里希·奥古斯特·冯·哈耶克．通往奴役之路［M］．王明毅，冯兴元，等译．北京：中国社会科学出版社，2015：10.

② 弗里德里希·奥古斯特·冯·哈耶克．通往奴役之路［M］．王明毅，冯兴元，等译．北京：中国社会科学出版社，2015：10-11.

是经济主体进行创新的外在动力。“创新能力决定竞争能力”①，企业家进行各种创新活动，创造出新产品，扩大市场占有率，才能在竞争中取胜。日本在战败后为什么可以赶超老牌资本主义国家，而英国经济为什么日渐衰落，都与创新脱不了干系。

在人类历史发展进程中，人们不断地从以前束缚他们的封建传统中解放出来，社会也不断向更加自由化、法治化的方向发展。以西方社会为例，西方世界经济的腾飞和社会的巨大进步，都有赖于自由主义理念的引导和以此为基础建立的一个良好有序的市场。

一、资本创新需要完善的法律制度

“人类创新的本能要变成一种物质的活动，总是离不开物质的或精神的刺激。”② 如果没有外在的刺激驱动，创新是很难进行的，所以良好的法律制度是资本创新的重要条件。

（一）良好的市场秩序是资本创新的必备条件

对利润的无限追求，使利润逐渐变为控制经济主体市场行为的因素，人们逐渐被利润所异化。在《1844 年经济学哲学手稿》中，马克思提出了“异化劳动”的概念，主要包括四个方面的内容：劳动者与劳动相异化，工人与资本家相异化，劳动者与劳动产品相异化，人的类本质同人相异化。这四个方面深刻诠释了劳动变成了控

① 张维迎，盛斌．企业家：经济增长的国王［M］．上海：上海人民出版社，2014：102.

② 张维迎，盛斌．企业家：经济增长的国王［M］．上海：上海人民出版社，2014：97.

制人、折磨人的一种力量。只要压迫停止，工人就像逃离瘟疫一般逃离劳动，在资本主义社会，劳动不再是人们追求的一种自由自觉的行为，而变成了控制人、与人相异化的活动。同样，利润的产生原本是为了扩大生产规模、提高人们的生活质量，然而欲望是无止境的，无论是在马克思所处的时代，还是当今时代，利润都不再是单纯为了提高生产力、满足人们需求的一种存在，而成了填补欲望、控制经济主体行为的一种手段。市场主体逐渐被利润所控制，为了获取利润不择手段，破坏市场秩序。为了使市场经济顺利运行，规范市场秩序和市场行为显得异常重要。

从商品经济产生之日起，追求利润就成为经济主体最重要的目的，每一个经济行为主体都通过不同的方式努力地实现自身利益最大化。例如，“经济人”在追求自身利益最大化的过程中因为缺乏诚信和合作精神产生了非常多不必要的防御性支出，例如，违约金、押金等，使交易费用剧增，过高的交易费用会阻碍交易的正常进行，弱化对市场主体主动寻求交易的激励，成为资源有效配置的障碍，降低经济运行效率，利润也随之减少。针对经济发展过程中产生的这一问题，《合同法》的作用日益凸显：规定违约的后果使交易主体不会轻易失信从而降低交易费用；合同内容的约定使得交易双方减少交易费用。

在市场经济运行过程中，各种经济法律法规对于提高市场运行效率，稳定市场秩序都发挥了重要作用，“经济人”的本性决定了他们一直在追求自身利益最大化，法律不可能彻底改变这种本性，但是法律可以通过干预经济人的逐利方式，从而减少经济人被利润异化的可能性。规范经济人的逐利行为，同时规范市场运行环境，建立良好的市场秩序，净化市场“环境”，为资本创新创造良好的外部条件。国家运用公权力以经济法的形式对市场失灵进行干预，以使市场获得最理想的资源配置效率：国家利用《反不正当竞争法》对不正当竞争行为加以禁止，运用《反垄断法》对垄断行为加以遏制和矫正，在市场中恢复有效竞争，建立良好的市场竞争秩序；国家运用自然资源法、环境保护法等法律，在资源领域和环保领域引入市场机制，克服经济发展过程中造成的资源环境问题。

市场主体在追求利益最大化的过程中都是“自私”的，忽视公共利益在所难免，市场在配置资源的过程中也难免会出现这样的“失灵”，因此国家强制力的作用就显现出来，国家运用公权力来平衡个人利益与公共利益、短期利益与长远利益，克服了市场不顾公共利益的短板，制定出行之有效的法律制度。

（二）专利法保护创新成果

知识产权法律制度是市场经济发展的必然结果。专利法作为知识产权法的一个重要组成部分，直接影响着一个国家和社会发明创造、企业创新经营，甚至国家的经济命脉。我国经济发展的实践证明专利制度在规范发明创造活动、保护发明创造成果、促进技术创新和推广应用等方面发挥着重要作用，同时在推动社会进步、完善市场经济以及国际技术、经济交流等方面也做出巨大贡献。

但是与现代社会专利法的作用大有不同的是，专利法在产生之初并不是为创新者提供保护，而相反，专利法“旨在激励知识产权转让以及帮助其他国家提高生产率”①，这一规定的产生是具有时代背景的。资本主义老牌国家英国为了使拥有专利的企业家能够来到英国从事生产贸易活动，于是赋予企业家一种专利垄断权，使原本在国外从事生产经营的人回到英国，为英国本土的经济发展作贡献。无论是以前还是现在，法律制度的产生和运行，都是为当时经济发展服务的。

20世纪70年代，美国的传统国际竞争力开始下降，在战略调整中，逐步形成了强化知识产权保护的国家战略。把保护知识产权作为一项重振竞争力和国力的重要举措。关于保护知识产权的法律政策的主要特点包括：第一，促进研究成果的市场转化；第二，强化知识产权的保护，放松对专利权的反垄断控制措施。在这一时期，知识产权法律制度开始转向对创新成果的保护。

现如今国际市场的竞争主要是技术和人才的竞争，而提高国家经济实力的核心技术是不能交换的，每个国家都在竭力保护自己的关键核心技术不被窃取，以保持自身的竞争优势。在此过程中，重视知识产权的保护便是重中之重，这不仅是对核心技术的保护，更是对国家自主创新能力的支持和鼓励。

《专利法》不仅是鼓励对知识资源的开发和利用的一项基本法律制度，更重要的是它重视并鼓励经济主体的创新行为，保护知识产权和创新成果。《专利法》的制定使对知识产权的保护有了重要的依据和参考，增加了经济主体发明创新的安全感和积极性，每个经济

① 戴维·兰德斯，乔尔·莫克，威廉·鲍莫尔．历史上的企业家精神——从美索不达米亚到现代［M］. 姜井勇，译. 北京：中信出版社，2016：635.

主体在创新过程中不再有后顾之忧，使创新成果得到了极大的保护，这样毋庸置疑会形成良好的市场环境和创新文化氛围。所以说《专利法》虽然不能为经济主体带来直接收益，但是却能间接维护经济主体的利益，鼓励经济主体进行资本创新，在全社会形成一种创新风气。

《专利法》为资本创新者提供了重要的法律依托。21 世纪，市场经济的主体呈多元化趋势发展，不仅包括企业，还包括个人、政府等，那么资本创新者的范围也不断扩大至个人、政府。资本创新作为一种经济行为，作为市场经济发展的重要一环，必然也应当受到《专利法》的保护。个人与企业在资本创新过程中所发挥的作用不言而喻，对利润的追求激发了企业与个人创新的欲望和能力，政府作为市场经济的重要主体，有义务鼓励、支持和引导创新行为并保护创新成果。政府虽然没有逐利的欲望，但是对资本创新却具有不可推卸的"责任"。为了使企业和个人能够最大限度地发挥自己的创新潜能，政府应当帮助其营造一种有利于技术创新和培养人才的社会环境，在法律的框架内适当地进行政策的调整，以期能够更有效地保护知识产权，保护经济主体创新的成果。但是政府不要过多地干预资本创新，要充分信任市场的调节功能，不断地激发全社会的创新活力，同时要注重人才的培养，发挥人力资本的重要作用。

知识产权和市场经济密不可分，作为私权的知识产权的激励作用只有在将技术成果作为非公共性的产品提供给社会时，才能发挥更大的作用。《专利法》的宗旨就是"提升创新能力"。除了《专利法》外，《反垄断法》和《破产法》等法律规范也在不同程度上推动了资本创新：《反垄断法》促使大型企业为了适应市场竞争环境，不得不从事新技术、新产品的研发，为满足市场需求不断进行革新；《破产法》的实施降低了创新的风险以及创新失败的成本。

二、经济增长推动资本创新

马克思在《资本论》中论述资本主义社会扩大再生产的实质就是经济增长，那么无论是经济增长还是社会扩大再生产都与资本实现自身增殖的本性密切相关。资本追求剩余价值的欲望是没有止境的，作为人格化的资本，资本家必须不断扩大再生产，实现经济的不断增长，充分发挥资本的潜在能量，进行资本创新。资本主义扩大再生产的过程也是资本积累的过程，资本家对剩余价值的无限追求的内在动力和资本主义市场经济竞争等外在压力迫使资本家必须进行资本积累，只有实现资本积累，才有经济基础进行技术创新，才能不断变革生产方式，提高生产效率，在生产力发展到一定水平以后，推动政治、文化、社会等其他领域的创新发展，实现人类社会的进步，所以说经济增长是资本创新的前提条件。

资本创新是经济增长的结果。在资本主义社会，财富的增加可以说是每个资本家的追求，这种对财富的需要在人类社会发展的不同阶段会在不同程度上导致经济的增长，因此对财富的追求实质上是对经济增长的要求。当经济增长变成了人们所追求的一种需要时，资本创新就成为满足这种需要的途径。

第三节 资本创新的政治条件

马克思曾经说过："经济运动会替自己开辟道路，但是它也必定要经受它自己所造成的并具有相对独立性的政治运动的反作用，即国家权力的以及和它同时产生的反对派的运动的反作用。"① 这段论述包含两层意思：第一，经济有其自身的运行轨道和运行规律；第二，经济的运行离不开政治运动或政治制度，即政治对经济的发展具有反作用，良好的政治制度可以促进经济发展，相反，腐败的政治制度则阻碍经济顺利运行。

在经济运行过程中，企业家扮演着非常重要的角色，他们发挥自身独特的优势为企业带来尽可能多的利润，但与此同时我们不能忽视政府的作用，企业家在发挥一技之长时，同样需要制度的规范和价值观的引导，否则可能会偏离经济运行的轨道，因此建立相应的可以引导企业家合理追求财富的经济制度对一个社会来说至关重要。制定这样的经济制度并不总是能够提高企业的生产效率，为企业带来利润，而是企业要配合这种经济制度的运行和实施，"深思熟虑地创造一种使竞争能尽可能有益进行的体制，和被动地接受既定的制度，二者之间的差别甚为悬殊"②。政府在制定政策的过程中要

---

① 马克思恩格斯《资本论》书信集［M］. 北京：人民出版社，1976：505.

② 弗里德里希·奥古斯特·冯·哈耶克. 通往奴役之路［M］. 王明毅，冯兴元，等译. 北京：中国社会科学出版社，2015：44.

考虑这种政策是否可以为企业和国家带来利润，更重要的是企业要配合政策的实施，政府还应当根据经济发展过程中所发生的变化，不断调整政策以适应企业的发展需要，制度的发展变化要依据现实经济的发展变迁，经济制度本身从来不是一成不变的。国家制定政策的目的是要充分发挥资本的潜力和创造力，实现经济主体利润的最大化。

阿诺德·汤因比在《历史研究》一书中说过，帝国之所以会崩溃是由“自我毁灭式的治国之道”所引起的。对此最好的例证就是罗马经济史的发展变迁：人们追求的不是如何提高生产效率，如何创造出新的生产技术，如何改变落后的生产环境，等等，而是追求一种奢靡的生活方式，贵族阶层是不屑于进行这些经济活动的，他们生来就是为了享受生活。古典时期的发展有力地证明了国家的发展之道并没有为社会的进步做出该有的贡献，国家从来不提倡提高人民的生活水平，对发明先进技术、提高生产效率、建立国内市场更是置若罔闻。可见，国家在资本创新过程中虽然不能代替经济主体进行资本创新，但是却发挥着领导者的作用。

一、资本创新需要“企业家”式政府

“人们通常把公共机构视为经济主体，并认为它们构成了企业的管理成本，不仅降低企业效率，而且无益于企业发展。”① 虽然公共服务机构被视为不同于企业且没有效率的经济组织，但是不可否认

① 戴维·兰德斯，乔尔·莫克，威廉·鲍莫尔．历史上的企业家精神——从美索不达米亚到现代［M］．姜井勇，译．北京：中信出版社，2016：9.

公共机构作为创新者之一，为资本创新提供政治保障。

企业家精神是指擅长抓住任何获益的机会并合理高效利用这种机会来赚取利润的经济主体所具有的品质，这里的经济主体也包括公共服务机构这类非企业型经济组织，虽然公共机构与企业不同，但是作为经济主体，它在经济创新活动中为企业家精神的发挥贡献了力量。早在中世纪，修道院作为典型的公共服务机构，对农业技术进步以及社会经济的发展提供了巨大的支持和帮助：修道院在这一时期主要负责生产管理和记账，中世纪的农业经济改革创新后，修道院从中获得收益，并利用这些收益为经济、文化、社会的发展提供物质支持，例如，欧洲中世纪最典型的僧侣盛行时期的“圣餐仪式”和“长餐桌”所需要的黄金、丝绸等都需要修道院的支持。因此，作为中世纪公共服务机构的修道院不仅为欧洲文化发展提供了重要的经济支持，也为农村经济发展提供了稳定的外部环境。

（一）“企业家”式政府的作用

“企业家”式政府产生的原因：相较于发达国家，发展中国家的经济基础比较薄弱，根深蒂固的文化传统和不完善的政治制度都会成为企业家阶层产生的阻碍，但是面对发达国家的竞争，落后国家不得不为企业家阶层的崛起贡献力量，而能够支持这一阶层产生和发展的只有政府，政府最大的优势是动用一切可以利用的资源，集中人力、物力和财力进行生产活动。

在任何国家，政府在推动经济发展的过程中都发挥着巨大的作用，只是不同的国家以及同一国家的不同发展阶段，政府所扮演的角色以及所起的作用大小都有所差别。尤其是对落后的发展中国家来说，当面对发达国家的先进技术、雄厚的资本、强大的竞争优势，仅仅依靠企业的力量是无法与发达国家的经济实力相抗衡的，这时政府的职能就凸现出来，“企业家”式的政府应运而生。

（二）“企业家”式政府与资本创新的关系

政府在实现经济增长的过程中履行“企业家”职能主要表现在：通过超经济权力实现资本积累，为文化创新、制度创新、技术创新创造良好的环境。政府有企业家阶层所不具备的优势，通过行政权力实现资本积累的速度要远高于企业家，同时在非经济层面着手为企业家创新提供政策支持。

企业家创新精神的发挥不仅仅需要依靠企业家的创新意识、冒险精神和竞争精神等个人特质，还需要国家制度的支持、其他社会主体的配合。当企业家的创新成果无法转化为生产力，或者创新成果得不到应有的保护，势必会影响企业家创新的积极性；当企业家发现创新机会，若没有政府的资金支持，或者由于风险过大企业无法承担之时，可能会放弃这一创新机会，也会阻碍企业家精神的发挥。而“消除那些制约了企业家精神发展的障碍本身就是一种企业家精神”①。

由此可见，“企业家”式政府与企业家形成一种良性互动的关系。企业家的目的是追求利润，而政府的职责应当是帮助企业家实

---

① 戴维·兰德斯，乔尔·莫克，威廉·鲍莫尔．历史上的企业家精神——从美索不达米亚到现代［M］．姜井勇，译．北京：中信出版社，2016：78.

现这一目的，两者只有向着同一方向努力才能够实现经济增长。政府的最重要的职能是为企业家的发展提供一个平台和良好的制度环境，帮助企业家整合社会资源、降低创新风险、提供资金、创造有秩序的市场竞争环境等。政府在社会经济发展的某一阶段，为了提高生产力，不得不去建立企业，这一类型的企业都是由政府投资或控股的企业，政府的利益影响和决定企业的行为，但是“企业家”式的政府不能取代企业家，当企业家的力量逐渐强大起来，政府应当让位于企业家，从主导地位转变成辅助企业发展的政府。

（三）“企业家”式政府为资本创新提供制度支持

当资本创新面临困难时，政府便可以充分发挥自身优势，为资本创新提供有效的制度支持。中国的许多先进的发明创造，如印刷术、纺织技术、造船技术等都得到了广泛的应用，但是由于制度的影响，这些发明并没有产生更多的其他用途，也没有为中国带来更多的收益。与中国形成鲜明对比的是，早期的美索不达米亚和中世纪晚期的欧洲，发明的水磨不仅仅用于研磨谷物，还创造性地将水磨应用于锯木材、锻造金属、布料加工等更多的劳动事务中，提高了生产效率。在中国，发明出新事物、新技术的人并没有将发明应用于更广泛的领域；而在美索不达米亚和欧洲地区，一项新的发明被应用于更多领域，具有更多不同的用途，而为发明者带来更多的报酬。政府用报酬制度来激励发明者，不仅可以鼓励他们不断创新发明，还可以将已经发明出的东西应用于更多不同的新领域，这充分揭示了不同的制度供给为创新发明的应用带来了不同影响。

正向的激励机制可以为资本创新带来积极的影响，但是制度变迁的成本会变成资本创新的阻力。因为政策的制定者可能会因为制度改变而受损失，这时就会极力反对制度创新，反对改革。马克思曾说，“只要冲破墨守成规的思想罗网，那么遇到的第一件事一定是‘抵制’——这是墨守成规的人一碰到困惑不解的事物时所使用的唯一的自卫武器。”①

企业并不是完全的市场主体，企业对利润的追求受制于政府。若企业只是盲目追求市场规模而非企业利润，就违背了市场经济运行规律。例如，目前中国经济面临的主要问题是“产能过剩”和“有效供给不足”，过分追求市场规模而不考虑是否能够带来利润。这时政府要充分发挥市场的作用，而非盲目的计划管制，因为“极权主义”不仅不利于发挥生产要素的活力，甚至还会降低资源配置效率，我们要克服政府计划经济管理的弊端，不断完善市场经济体制，政府就要制定合理有效的制度推动资本创新的顺利进行。

在前现代中东的商业领域里，人们通常情况下只和彼此认识的人开展交易。交易各方包括生产者、投资者以及商人等，他们的世界观是在交易的过程中形成的，是“由人格化交换的迫切需要所塑造的”②。当商业规则和金融惯例没有发生根本改变的情况下，这些交易主体根本不会去考虑是否需要创新制度，现有制度完全可以满足他们对交易活动的需要，这也在某种程度上制约了政府进行经济

① 马克思恩格斯《资本论》书信集［M］. 北京：人民出版社，1976：373.

② 戴维·兰德斯，乔尔·莫克，威廉·鲍莫尔. 历史上的企业家精神——从美索不达米亚到现代［M］. 姜井勇，译. 北京：中信出版社，2016：97-98.

体制改革。由于交易主体没有改革的需要，政府自然就没有动机去进行制度创新，相反，如果交易主体对交易行为准则、商业结构的调整等方面有了新的想法和需求，他们就会自然而然地产生争论，这时对现有制度的不满和对新制度的需求迫使政府进行改革，进行制度创新。这种情况同样适用于我国的经济发展现状，目前我国“有效供给不足”“产能过剩”等问题越发凸显，针对这一现实情况，制度创新也迫在眉睫。

恩格斯指出，资本主义社会矛盾问题的根本所在是生产得太少，之所以生产得太少并不是因为生产能力已经达到了极限，即使在现代社会，使用最先进的生产技术和生产方式的前提下也会存在生产太少的问题，所以生产能力并不是问题的关键。在恩格斯所处的资本主义社会，造成社会矛盾的最根本的原因是生产出的商品数量与对商品的购买力不对等，而在现代社会，以中国为例，社会经济存在的主要矛盾是生产出的有效供给太少，无法满足不断扩大和逐渐多样化的社会需求，造成“产能过剩”，既浪费了资源，又无法满足需求。“不同的制度背景下，资源、劳动、技术、资本、管理等要素的财富创造效率截然不同。”① 所以，无论是恩格斯所处的资本主义时代，还是现代的社会主义时代，不同的制度背景下都会存在供给需求不平衡的问题，在充分发挥市场对资源配置作用的前提下，“看得见的手”——政府应当及时履行职能，为资本创新提供制度支持。

---

① 滕泰．供给侧改革，下一步怎么办［M］．北京：东方出版社，2016：165.

（四）“企业家”式政府不能取代企业家

第一，政府作为公共服务机构，其本身的性质决定了它的目标并非追求利润。政府也可以进行创新，但是政府创新不是以追求利润为目的。既然利润并非“企业家”式的政府进行生产的标准，那么不考虑盈利，也不计算成本，会影响企业的生产效率，造成资源浪费。市场经济的内在机制是企业家将生产要素组织起来进行生产，并要实现生产要素的最优配置，企业家需要围绕“利润”进行资源配置，实现成本最低的生产要素组合方式，这样在追求利润的同时也实现了资源的合理有效利用。政府代替企业家行使职能，会使市场经济的内在创新机制消失。

第二，政府在市场经济发展过程中扮演着垄断者的角色，使市场经济竞争规律不再发挥作用。政府拥有超经济权力，可以运用这一超经济权力降低经济风险以及竞争所带来的压力，可以通过权力来获取利润，这样政府就失去创新的动力。

第三，政府虽然是以满足社会需求为宗旨进行生产，但是却总是造成供给与需求不平衡的矛盾。因为以政府代替企业家的国家，当供给与需求不平衡时，政府就会进行强制性供给，而不再根据市场需要来进行供给，这样市场中便会充斥着各种“旧商品”而非“新商品”，创新就失去了另一个外在动力。

第四，政府的组织架构决定了它是以等级制度为基础的。政府代替企业家进行生产经营活动，企业的经济行为都要经过政府的审批，市场中充斥着“官僚主义风气”，各项正确的经济决策落实困难重重，错误的决策又得不到及时纠正，这时政府便可以利用手中的权力来降低决策失误所造成的损失，同时为企业规避风险，政府承担了本应由企业承担的风险和责任，企业的创新行为必然受到抑制。相反，在市场经济条件下，企业作为经济主体行使职能，市场信息在各个经济主体之间自由流动，每一个经济主体都具有独立的决策权和平等的机会，因此企业家主导的市场经济有利于决策的顺利落实，平等的竞争使企业有更大的动力进行创新。

第五，政府官员作为政府的代言人，与企业家的区别也可见一斑。企业家要具备冒险精神和创新意识，而作为公务人员的政府官员的职责是履行职能，这种按规定履行职责的工作不需要创新意识，只需要循规蹈矩完成工作。由此可见，政府官员并不具备企业家素质，绝不能取代企业家在经济创新过程中的地位。综合上述原因可以得出结论，政府虽然可以帮助企业家履行经济职能，却不可以取代企业家。

"企业家"式政府推动经济增长的局限性主要表现在：创新成果较少；将创新成果转化为生产力的效率较低。"统治者的保守思想往往被视为企业家精神不足的一个基本决定因素"①，因为"企业家"式政府鼓励创新的目的并不是追求利润，而是将创新成果作为一种"历史功绩"载入史册，并不关心创新成果是否能转化为现实生产力，这种思想就导致企业创新动力不足。邓小平提出"科学技术是第一生产力"，那么科学技术如何转化为生产力是提高生产力的前

① 戴维·兰德斯，乔尔·莫克，威廉·鲍莫尔．历史上的企业家精神——从美索不达米亚到现代［M］．姜井勇，译．北京：中信出版社，2016：97.

提，政府在这一环节所起的作用远不及企业家阶层。

“政府的补贴、教育和资金市场等政策会影响生产要素。”① 政府作为市场主体之一，一方面同企业一道共同参与各种经济活动；另一方面又影响企业发展的规模和速度，这种双重作用使政府既可以成为生产力发展的推动器，又可能成为经济的发展阻碍。以科技领域的创新发展为例来分析政府制定公共政策对企业发展的阻碍作用：当企业在科技领域取得了领先地位时，政府为了使企业保持竞争优势，通过贬值货币造成看似有利于企业的外部条件，引导企业走上了以规模取胜的竞争领域，而忽视了社会压力以及技术创新等条件，这势必会使企业仍旧使用传统生产要素进行生产。货币贬值延缓了企业产业升级的速度，无法在价格敏感的市场上保持后续的动力，最终失去竞争优势。因此，政府试图协助企业减轻改善和创新的压力，但是结果却事与愿违。

政府作为市场的干预主体，除了追求公共利益以外，没有其他特殊的逐利偏好，但是前提是需要有制度的制约。现实中的政府在干预市场行为的过程中，并没有过分地关注公共利益，因为政府是由自然人组成的，这些自然人作为经济人，就必然具有经济人的一般特性，但是这些自然人与一般经济人的区别在于他们受到了制度的约束。之所以强调政府受到制度的约束，是因为若没有这些制度的规范，政府的“经济人”特性也会凸显出来，政府为了实现自身利益最大化，在制定规章制度和一系列经济政策的过程中就会偏向

① 迈克尔·波特. 国家竞争优势（上）[M]. 李明轩，邱如美，译. 北京：中信出版社，2012：113.

自身的利益而忽视公共利益，法律法规的制定以及政策的出台会演变成政府“逐利”的工具，这是立法上的“经济人”特性；在执法过程中，过度关注罚款、收费等与经济利益相关的手段而忽视了处罚的初衷——降低违法违规行为，也会导致市场运行的混乱，使法律失去原本存在的意义。因此为了公共利益，为了建立良好的市场秩序，为了提高市场运行效率，政府在干预经济的过程中应当扮演好“管理人”的角色，通过改革政治体制、约束政府官员的行为、创新制度等方式来减弱政府的“经济人”特性。政府出台有效的规章制度，合理干预市场主体的经济行为，才能实现市场效率最大化，为资本创新提供良好的政治环境。

在中国，对商业活动进行政治控制也是有历史渊源的。清政府号召“创建和管理中国第一批西式行业，地方政府便开始利用其手上的监管者职能，任命具有官僚背景的人参与企业管理”①，这些管理者利用手中的特权排挤私人管理者，将政府投资于企业的运营资本转变为私人股份，这说明权力对经济活动的控制一直存在。到20世纪初期，许多卸任的官员利用手中的关系控制公司，干预公司发展。到民国时期，政治背景对于企业的创办和发展来说都是一个至关重要的因素。南京国民政府时期，蒋介石与商界保持着联系，现代经济部门出现了增长，但是政府对市场经济发展的支持力度还很有限。直到1949年中华人民共和国成立结束内战，“终结了任何形

① 戴维·兰德斯，乔尔·莫克，威廉·鲍莫尔．历史上的企业家精神——从美索不达米亚到现代［M］．姜井勇，译．北京：中信出版社，2016：569-570.

式的私营企业或市场经济”。① 资本在中国萌芽和发展的过程都离不开“企业家”式政府的控制，而这种控制在一定程度上抑制了企业家创新和市场经济的发展，对设立私人企业和市场的管制同样阻碍了资本创新。

二、资本创新需要国家政权的保护

国家政权在资本主义市场经济发展的初级阶段是企业家强有力的依靠。亚当·斯密在《国富论》中提出，“自由市场调节力量要取代国家官僚机构做出的经济决定，企业家要更多地依靠市场机会和市场自由竞争为自己开辟前进道路。”② 亚当·斯密的这一观点推动了欧洲资本主义经济文明体系的建立。然而，在资本主义经济发展的初始阶段，却需要公共机构运用超经济权力为企业家的发展提供稳定的外部环境，通过国家政权建立市场经济体系。亚当·斯密的“自由放任”的经济思想就是建立在这样的现实基础之上的，即国家在资本主义市场经济体系的建立和发展过程中发挥着同样重要的作用。

（一）国家政权的重要性

马克思曾经指出：它在每一种产业的基地上挖去了它自然生产的基地，而且把它的生产条件从它自身之内转移到一般的社会联系

① 戴维·兰德斯，乔尔·莫克，威廉·鲍莫尔．历史上的企业家精神——从美索不达米亚到现代［M］．姜井勇，译．北京：中信出版社，2016：569-570。

② 张维迎，盛斌．企业家：经济增长的国王［M］．上海：上海人民出版社，2014：190.

里去，这就是资本主义市场经济发展的趋势。一切产业的一般基础不仅是一般的交换，而且是世界市场，是世界市场所构成的全部活动、贸易、欲望等。在封建社会，自然经济的经营方式占主导地位，生产力水平很低，社会分工也不发达，自给自足的自然经济下产品交换基本不存在，人与人之间交流很少，经济主体处于相互隔绝的状态。虽然社会历史环境对经济发展的变化产生一定的影响，但是在自给自足的封建社会，自然资源才是起决定性作用的生产要素，因此，封建地主进行简单再生产过程中所需要的条件，都可以依靠自己的力量以及所拥有的土地等自然资源来获得。然而企业家是在资本主义市场经济的环境里产生的，他们所面对的是比封建经济更加复杂的经济制度，自给自足的封建经济逐渐瓦解，社会分工不断发展，市场经济系统也越来越复杂化，这就打破了原来的人与人之间互相隔绝的生存状态，人与人之间的交往越来越频繁，社会联系也越来越紧密。

企业家的创新发展是在整个社会系统中进行的，离开社会联系，企业家也就失去了存在的意义，健康良好的市场秩序是企业家创新必不可少的外部条件。但是在资本主义市场经济的萌芽阶段，企业家很难从过去落后的经济形态中迅速将自身角色转变过来，原有的经济体系会给企业家的创新精神带来致命的打击，这就必然需要利用超越企业家阶层的国家来“辅助”企业家，国家政权的超经济力量可以帮助企业家不断壮大自己的队伍，最终成为市场经济的主体。

英国发展资本主义市场经济的“重商主义”政策最重要的贡献在于：第一，国家使用暴力手段强制劳动者与生产资料分离、建立英国资本主义企业发展所需要的资本与劳动力供给机制（与前面提到的理论点相符合）。对农民土地的暴力剥夺是资本原始积累过程的基础。一方面，促进了资本主义市场经济关系在农村的发展，促使一批贵族、富裕农民和商人转化成资本主义大租佃农场主，即企业家；另一方面，为资本主义企业的发展创造了大批雇佣劳动者，扩大了国内市场。第二，利用国家权力，进行残酷的殖民掠夺和海外扩张，为资本主义企业发展创造了国外市场和巨额货币资本。迅速积累起来的巨额资本、广阔的海外市场，为资本主义企业投资、创新经营创造了良好的条件和机会，大批企业家在这一过程中应运而生。

（二）国家政权是资本创新的保障

资本主义国家经济发展的历史实践表明，强有力的国家政权对经济的发展具有举足轻重的作用，为企业家阶层的形成和发展、企业家创新能力的培养、资本创新的持续进行提供制度保障和政策支持。

第一，资本创新需要国家为企业提供完善合理的制度。企业是市场经济的组成单元，资本与劳动力是企业建立和发展的要素。所以为了鼓励企业不断创新，也为了实现资本主义市场经济的健康发展，国家必须完善资本和劳动力供给制度。

第二，资本创新需要国家为经济主体的发展开辟市场。企业的生产目的不是企业家的个人享受或产品的使用价值，而是实现商品的交换价值以及资本价值增殖。市场是商品交换的场所，商品交换不仅需要国家建立一个没有关卡和关税壁垒的市场，还需要开拓世界市场，使国内的生产和消费变成世界性的。资本主义市场经济是建立在规模不断扩大的生产和消费基础之上的经济形态，资本主义市场经济加速了世界市场的形成，而世界市场的形成反过来推动资本主义市场经济的快速发展，地理大发现时代就是最好的例证，新航路的开辟使东西方文明不断碰撞，贸易交流也逐渐增多。无论是建立国内市场还是开辟国外市场，都需要国家的支持和帮助。

第三，资本创新需要国家建立统一的市场。在建立统一市场的同时，企业要求国家建立统一的货币体系和金融制度，没有这样一个统一的货币体系和金融制度，企业的资金周转与商品交换是不可能顺利进行的。

第四，资本创新需要国家制定法律法规。企业的生存和发展离不开一个与市场经济相适应的法律体系，因为企业的运行不可避免地要与诸如信托、股票、政权等各种各样的金融工具打交道，如果没有相应的经济法律法规做保障，企业家创新就失去了强有力的后盾，创新风险没有保障，会大大减弱企业家创新的欲望，从而阻碍资本主义市场经济的发展。同时对企业家自身来说，他们追逐利润的创新活动也需要赋予法律的意义，资本主义发展所依赖的价值观念也必须转化为法律规范才具有现实价值。

第五，资本创新需要国家提供各项完善的基本设施。企业赖以生存的市场经济体系是一个相互联系、相互依赖的有机体系。资本主义市场经济体系需要一系列基本设施作保障，例如交通运输设施等，这既是国内市场经济发展的重要纽带，也是连接国与国之间经济发展的桥梁，必要的社会公共工程是保障企业正常运行和发展的外部条件。社会基本设施是保障市场上商品自由流通、资源合理有效配置以及生产要素得到充分利用的重要条件。

第六，资本创新需要国家保障市场有序高效运转。市场经济制度的规则是自由竞争，这一规则对企业家的成长以及创新活动非常重要。在这个市场机制中，每一个人都站在同一起跑线上，拥有最大限度发挥自己天赋和才能的均等机会，它不承认任何特权和垄断（经济的、非经济的），市场机制的建立及健康运转都需要有一套有力的措施、政策和制度。

由此可见，强有力的国家政权在推动资本创新过程中发挥着重要作用。此外，资本原始积累的过程实质上也是国家政权发挥作用的过程。以英国为例，作为老牌资本主义国家，英国在发展资本主义市场经济的过程中就利用国家政权来实现资本的积累以及海外市场的扩张。“重商主义”政策为英国资本主义市场经济发展提供了重要的政策支持。重商主义的实施前提是开辟财源，其实质在于把资本主义的工商业观点灌输到政治中去。对于国家来说，它的财富来源于纳税能力，而发展资本主义工商业是增加人民纳税能力的重要条件。这就迫切要求强化和发展国家政权的专制王朝，去积极推行保护、鼓励工商业发展的政策。

第四章　资本创新的主要功能

改革开放40多年来，资本创新在推进经济体制改革过程中发挥了至关重要的作用，是实现“中国奇迹”的关键。改革开放改变了我国高度集中的计划经济体制，成功转型为社会主义市场经济体制，从过去封闭的经济状态转变为对外开放的新格局，这是永载史册的历史转折点，这一转折确立了市场在资源配置中的主导作用。

第一节　资本创新推动现代化市场体系的建立

资本创新的目的不仅要实现经济的增长，还要推动社会全面进步。经济增长是社会发展的一个重要环节，而一个国家想要提高自身竞争力，就必须实现多元化发展。资本创新的目的是实现利润最大化，为了达到这一目的必须要采取不同的手段，而获取利润的手段多种多样，只有在法律制度规定范围内的经济创新行为才是有效的。因此，要建立现代化市场体系，创新和完善经济制度显得尤为重要。

一、经济增长是资本创新的结果

资本的出现，具有划时代的意义。马克思在《资本论》中说过，资本的出现，标志着社会生产过程的一个新时代的到来。资本不仅为社会经济的发展带来了空前的变化，也给人们的政治生活、文化生活等带来了全新的改变。资本创新与资本相伴相生，资本创新改变经济生产方式、生活方式、文化观念、法律制度等。现代市场经济的发展与资本创新息息相关，可以说，随着资本的产生，社会经济增长皆由资本创新推动。资本创新是经济增长的动力，主要表现在：资本创新带动企业和企业家的成长，扩大市场规模，实现产业结构的优化升级。

资本从产生之初就为经济增长做出了巨大的贡献。作为一种生产要素，资本是提高生产力的基础条件，也是进行生产的前提条件；作为一种生产关系，资本对经济增长起着至关重要的作用，但同时也会给经济增长带来负面影响。资本为了完成增殖的使命，必须进行创新，资本创新是资本获取剩余价值的最佳途径，是经济增长的动力。

前面分析过资本既具有推动生产力发展的增殖性，又具有剥削劳动者的贪婪性，因此一方面要充分发挥资本的增殖优势来提高生产力，另一方面要抑制其贪婪的本性，避免经济主体被利润“异化”而产生违法的经济行为，破坏市场经济秩序和人与人之间的信任关系，最终导致资本本身变成了阻碍追求利润的要素。

有效的制度供给是抑制资本唯利是图贪婪本性的“最佳利器”。如同权力的滥用会给社会带来灾难一样，资本的不合理利用同样会抑制经济的增长，给国家和人民带来不利的后果。我们可以通过法律和制度来制约权力，防止权力的滥用，同样我们也可以为资本的生存发展提供适合的制度资源，使其实现利润最大化，为社会创造更多的价值。例如，为了使资本的所有权和经营权相分离，可以实行股份制改革，对资本的权力进行有效的制约，用股权来分散资本的权力，与此同时创新企业的治理结构，实行董事会、股东会和经理层互相制约的模式，这样既可以充分发挥资本的职能，也可以避免资本在逐利道路上偏离轨道从而造成自己制约自己的局面。

制度创新间接推动经济增长。制度创新的核心是革新社会政治、经济、管理等制度，是个人行为规则以及人与人之间相互关系的规则的创新。制度创新的结果是激发个体的积极性和创造性，使个人发挥主观能动性创造新知识，实现社会资源的合理分配以及社会财富的增加，最终推动社会进步。以中世纪经济发展状况为例，各种特权、行会、公会制度、全部社会规则等社会关系，是适合于这一时期的既得生产力以及同时期已经存在的社会经济状况。资本是在这种行会制度等规则的保护下积累起来的，有了资本积累，欧洲资本主义国家开始发展海上贸易，在海外建立殖民地。但是随着经济贸易的发展，以前的规则制度已经不能与之相适应了，如果继续维持那些原有的行业规则，中世纪的人们将会失去已经取得的经济果实。所以为了保存既有的经济成果，就必须进行制度创新，改变原有的行会公会制度和社会规则。

资本创新的根本目的是实现利润最大化，为了实现这一根本目的，就需要降低投资成本和投资风险，提高生产效率。随着资本的进一步发展，资本的载体也在不断更新，“资本载体的最初创新是资本裂变为股本”①，这一全新的改变产生的直接结果是资本家所有权和经营权分离，这一创新过程使生产规模空前扩大，资本的权利也趋于“扩大化、多元化、分散化、社会化、规范化、合理化”②，从而使得企业的发展也趋于规模化、合理化，为实现财富的增加和经济的增长打下坚实的基础。

资本创新既是经济增长的前提，也是经济增长的结果，资本创新既要符合经济增长的本质规律，也要为经济增长做出应有的贡献。万事万物都处于不断运动发展的过程中，资本也不例外，资本创新就是资本运动的形式。资本围绕其逐利本性不断地实现自身价值，利用资本家这一人格化的资本来实现发财致富的愿景，资本创新作为实现这一愿景的最佳方式，贯穿于资本逐利过程的始终，资本创新在人类社会发展历程中发挥着重要的作用，生产力的发展、生产方式的变革、文化的变迁、制度的完善都是资本创新的内容。

二、资本创新有助于形成规范的市场经济制度

现代化市场体系需要现代化市场制度做依托。所谓经济制度，就是在一定的经济发展阶段，市场上通行的或被经济主体所接受的

---

① 刘玉辉．资本创新与经济增长［D］．北京：中共中央党校，2003．
② 刘玉辉．资本创新与经济增长［D］．北京：中共中央党校，2003．

可以约束市场主体经济行为的习惯、道德、规则、法律等的总和。主要包括以下基本特征：第一，经济制度是社会性的，约束经济主体的经济行为，其本质是调节各个经济主体之间的经济关系，因此市场经济制度是一种市场上通行的规则的总和；第二，经济制度是对市场经济主体行为的约束，是对经济主体行动空间、权利、责任和义务的一种规定，经济制度的核心内容是规定经济主体在市场环境中可以做什么、必须做什么和不能做什么。受到制度约束的不止有企业、个人，也包括国家。

从制度的定义可以看出，习惯、道德、法律规范等都可以统称为制度，但是它们在发挥作用的方式上存在差别。法律规范、规章条例等属于正式的或有形的制度，而道德规范、日常习惯等属于非正式的或无形的制度。首先要明确的是，无论是法律规范还是道德规范，它们的基本功能都是调节经济主体的经济行为的规则，都是对经济主体行为的约束。以前的制度经济学家强调制度是根据长期的经济行为形成的一种习惯或传统，而现代制度经济学家则强调制度是一种强制的规则，是个人或者各个利益集团互相交流和斗争形成的社会契约。

制度并不是从来就有且一成不变的，它随着时间的推移不断发展变迁。当今社会存在的那种不成文的制度，可以说都是在以前的社会制度的影响下不断形成的某些传统习惯、经验和思想观念等等。举例来说明，创新经济制度在社会经济发展过程中的重要作用：公有制企业改革是我国经济改革过程的重要环节，在此过程中亟须协调处理好国家和企业、国家和工人之间的关系。经济改革的目的是要使企业真正能够对自己负责，不再事事依靠国家的帮助和干预，企业必须要遵循市场竞争的规律，根据优胜劣汰的竞争规则要面对可能不幸被市场淘汰的命运，政府不再插手企业实际经营管理，尤其是国有企业的管理层和职工所谓的"铁饭碗"的观念也应当被打破。但是我们不得不面对一些现实因素，如社会保障制度的不完善、国家集中计划管理企业、国家对国有企业职工生老病死"一条龙"全包的管理模式，这些都是改革创新过程中的一种巨大的阻力。而当这些企业遇到经营困难时第一反应并非自己去应对和创新改变，而是求助于国家，这种思维方式和行为模式已然束缚了企业的创新发展，可以看到在此过程中市场还没有充分起到应有的作用，市场机制也不能充分发挥作用。旧有体制的约束在制度创新过程中成为不可忽视的障碍。正如著名经济学家诺斯所言：旧制度本身构成了新制度形成和制度变迁过程的约束。

非正式的制度也并非总是阻碍着制度创新的进程，一定的观念或意识形态在某些时候也会起到促进制度创新的积极作用。诺斯指出，在制度创新过程中，要重视意识形态的积极作用。众所周知制度是一种公共物品，必然具有公共物品的特征，在创立新制度的过程中，许多个人并不愿意牺牲个人利益，因而总会产生许多"搭便车"的行为，他们并不想为制度创新付出代价，因为当制度创新的成本高于制度创新所能带来的收益时，人们便不愿付出成本，而只想享受制度变革所带来的益处，这样就会导致制度的"供给不足"——没有人愿意为制度创新付出努力。冲破旧体制的约束从而创立一种新制度，这一过程本身就充满了荆棘，会损害他人或集团的既得利益，并且这种代价要远远高于制度变革的收益。而冲破这种阻碍，第一个为新制度“发声”的人受到一种精神的鼓励，这种精神也是一种信仰，是一种意识形态，这样的意识形态就会减少“搭便车”的情况，加速制度创新的进程。

在社会交往过程中，制度是约束人们交往行为的规范，在市场交易过程中，交易双方为了维护自身利益也要受到制度的约束和保护，所以说制度是一种预防人与人之间利益纠纷以及如何处理纠纷的标准。制度的作用原理主要在于：为社会交往行为建立一套行为标准规范，尽可能多地涵盖在各种可能发生的利益纠纷的情况下如何保障利益群体，如何惩治违规的个体，使交往过程中人们的行为具有可预测性，不仅可以减少违规行为的产生，还能尽可能多地保障个人利益。例如，当人们在已知什么样的行为可能会违反制度并会接受惩治，而却不能百分之百地保证行为对方会遵守规章制度而不去做损害自身利益的事，但是有了制度，人们至少可以清楚地知道对方在衡量利益损失的情况下，在制度所规定的范围内不会做出不利于己的事，这样最大限度地降低了市场风险。这样看来，制度绝不是一纸空文，绝不是停留于纸面上的规则和条款，制度还包含了实际可以执行的规则，可以在可以预计的范围内监督交易行为并惩罚违规的主体。

制度不可能一下就完善起来，也不可能准确地预测到人们会如何在现实的交易行为中会创造出更多的新手段、新骗局来损害他人的利益，巧妙地规避惩罚。制度来源于现实，它一定是在各种交易行为、各种新的骗局不断出现的过程中不断形成和完善起来的。好的制度不在于完善，而在于一方面允许人们不断地交易、创新，另一方面又能使制度不断地得到修订与完善。骗局、丑闻给人们的教训不仅在于使人们认识到市场风险的存在，也在于启发人们如何进一步完善制度，如何通过制度创新控制风险。金融工具的不断衍生其实正是一种市场交易手段的创新，相应地也就要求有交易规则、风险控制机制的不断创新。

做任何事情都可能存在风险，但并不能因为有风险就不去做。在计划经济体制下，国家试图取消和降低风险，这时经济主体在心理上便会更加依赖国家的保护，而逐渐丧失风险意识并且要尽量地回避有风险的经济行为，这会造成经济主体失去实现经济增长的大好机会。市场化进程不是要取消风险，而是要通过一系列制度改革去创造一种新的尽可能使大家利用机会同时又尽可能控制风险的机制，使人们的才能、知识、预见能力在风险中提高，使经济在风险中增长。制度创新也是有风险的，但是不能因为存在风险就放弃创新。

现代化市场经济体系离不开经济创新行为，其中资本创新是经济创新的一个重要维度。资本创新这一行为也推动了经济之外的诸因素，即文化、法律、制度等非经济因素的创新发展，其中法律制度的创新为形成规范的市场环境、健全的现代化市场体系发挥着重要的作用。

三、资本创新有助于形成规范的政府权力

制度经济学家诺斯认为，“有效率的经济组织是经济增长的

关键”①，他认为西方资本主义国家领先世界的关键就在于有效率的经济组织，建立合理有序的政治制度，完善所有权制度，激活经济创新活动，把个人的创造性经济活动转变为社会的收益，带动经济增长，一个社会的经济增长就是依赖于每一个经济主体的创新行为，制度创新无疑带动了这种经济创新活动。制度创新对经济增长起着重要的作用：对于个人而言，可以形成一种正向的激励机制，提高个人创造积极性；对社会整体而言，则是形成一种规范的政治秩序，并有助于形成规范的政府权力，从而为经济发展提供一种良好的制度环境。

制度创新是形成规范有效的制度的前提条件，也是形成规范的政府权力的重要保障。无论是技术创新、文化创新都需要政府提供制度支持，规范的政府权力推动经济发展的顺利进行，相反，腐败的政府权力则会阻碍经济的高效运行，因此公共权力对经济发展的重要性不言而喻。

权力的运行离不开人，可以说人是权力运行的主体，而人又是政治动物，那么有人存在的地方必定会存在权力错用和滥用的问题。公共权力体现的不仅是人与人的关系，还体现着人和其所有物的关系。公共权力属于全体社会成员所有，但是权力的行使却是通过一部分人来进行的，在现实社会中，公共权力要通过人们选举或者任命等方式选拔出一批官员，来代表人们行使这一公共权力，那么由此就会产生能否完全代表民意、能否认真行使权力等一系列问题，即权力的行使问题。公共权力的主体分为实质主体和形式主体，实

① 滕泰. 供给侧改革，下一步怎么办［M］. 北京：东方出版社，2016：69.

质主体是全体社会成员，公共权力归全体社会成员所有，而形式主体则是被选举出的代表全体人民行使公共权力的一部分官员，他们是公共权力的实施者。因此，公共权力的所有者和公共权力的实施者是不同的人群，这种权力主体的二重性，便会导致权力的异化，公共权力的实施者不再为了公共利益行使权力，而是为了一己私利，不顾绝大多数人的利益，他们“力图创造出一种支配他人的、异己的本质力量，以便从这里面找到它自己的利己需要的满足”①。

这种为了一己私利而滥用权力的行为被称为权力异化或权力腐败，滥用权力对社会经济发展最大的影响就是降低创新的积极性。市场经济主体在生产经营过程中，为了最大化地追求利润，必定会想方设法降低交易成本，提高产品收益，而降低成本和提高收益的方式有很多种，如创新生产技术、改变营销策略等，这些都是积极的获利行为，当然也会有部分经济主体在权衡过创新成本以后，利用不正当手段降低成本，权钱交易就是其中之一。当经济主体没有了创新的动力——如创新成本太高、风险太大，而又无法抑制追求利润的欲望时，便会通过购买权力来使自己获得利润，例如某企业生产出质量不达标的产品以后，为了能够保证正常销售并且如期获利，通过贿赂等不正当手段取得销售资格，而权力行使主体受到金钱的诱惑，便会出卖自己的权力，允许不正当经济行为的发生。这种现象无疑给市场经济的发展带来非常恶劣的影响，同时也会使其他企业纷纷效仿，从而使整个经济社会失去创新的动力，处于停滞

① 马克思 . 1844 年经济学哲学手稿［M］. 中共中央马克思、恩格斯、列宁、斯大林著作编译局，译. 北京：人民出版社，2000：120.

不前的状态。权力变成权力实施主体的“私有财产”，他们本该是人民的公仆，而现在却变成了人民的主人，权力变成了一种可以自由买卖的商品。经济发展离不开经济主体的创新行为，但是权力腐败却阻碍了这种创新行为的开展，这时就需要通过制度创新来治理腐败，使社会形成一种高尚良好的氛围，为经济发展提供一个有序的外部环境。

制度创新是治理腐败的不二之选，要将权力关进制度的笼子里，开展制度反腐，为资本创新扫清障碍。纵观中国历史发展，在新中国成立之前，历次的农民起义胜利以后都会出现类似的腐败现象，这些历史教训充分说明腐败是关系党和国家命运的重大问题，也是关系到经济发展的重要问题。腐败不再仅仅是一种政治问题，更是一种经济问题和文化问题。

权力腐败现象并不是现代社会的主要问题，而是伴随着人类社会产生发展的全过程，只要有人在的地方，都有可能发生腐败，治理腐败从而为经济发展提供良好的制度环境，就要从制度创新入手。在这里，制度创新主要包括教育制度的创新、预防机制的创新、监督机制的创新和惩治制度的创新等四方面。

教育制度创新是制度创新的根本，这是从思想源头上进行创新。哈耶克曾经论述过社会主义教育的一个重要影响：这种教育拒绝一切带有风险的经济活动，对于那种冒险的并且只有一小部分人可以获得利润的经济行为进行压制。所以就造就了一批年轻人，他们喜欢稳定的并且有固定收入的工作，而不喜欢那些需要自己承担风险的工作，他们所接受的教育就是稳定的工作可以获得稳定的收入，并且可以获得相应的社会地位和荣誉，而只有那些得不到这种工作的人才去冒险创业，并且还可能要经历失败的危险。可见教育的力量是多么的强大，因此治理腐败也应当从教育制度着手。从思想源头上拒绝腐败，权力是为人民服务的，而不是主宰人民命运的东西，合理利用权力才能带动社会向着更好的方向发展。经济主体追求利润只能通过创新方式方法等途径，而不再通过权力寻租的方式进行，这样全社会就会形成一种良好的经济运行氛围。因此教育制度创新可以从思想源头上改变社会权力腐败的风气，有助于形成规范的政府权力。

创新预防机制、监督机制和惩治制度都是制度创新的重要保障。制度创新不是一朝一夕的事情，不仅需要从思想源头上遏制腐败思想的萌芽，更要配合预防、监督和惩治等手段进行创新。以我国反腐败工作为例。十八大以后，反腐败工作不断深入推进，为了有效遏制腐败行为的产生，我国开始建立网络预防反腐体系，在许多大型网站上设立反腐败举报专区，推行全民反腐，这一反腐举措的创新使得大众可以参与到这种政治活动中来，在全社会形成一种反腐的风气，使腐败者有所畏惧，不再挖空心思为了一己私利去冒险寻租，而是想方设法通过正当行为来为自己、为社会谋利益。十八大以来的“打苍蝇，打老虎”惩治腐败的措施，是制度创新的一个最好例证。无论是教育制度、预防机制、监督机制还是惩治制度，根本目的都是为了预防和治理权力腐败的滋生和蔓延，而我们知道权力腐败带来的不仅仅是不良的社会风气，更重要的是给经济社会发展带来的不可估量的损失。被利益所异化的社会是停滞不前的社会，制度创新从根本上改变这种被异化的现状，形成规范的政府权力和政治制度，为经济发展提供强有力的政治保障。

第二节　资本创新推动文化进步

社会文化的进步也有赖于资本创新，可以从两个方面来理解。首先，资本创新有助于形成一种创新的文化氛围。思想文化的发展进步除了发扬原有传统文化的优势外，还应当与外邦文化进行交流，汲取外邦文化之长来创新发展本邦文化，因此文化进步的一个前提条件就是资本创新。文化创新推动文化交流和文化传播，从而推动文化进步，技术创新和商业创新活动为文化交流提供技术和物质支持。其次，资本创新有助于经济主体充分发挥创新精神：一方面，资本创新为企业家的出现提供物质基础。另一方面，资本创新为推动经济主体创新精神的发挥提供制度基础。

一、资本创新有助于形成创新的文化氛围

在历史发展的不同阶段，不同的国家都会存在这样一个群体，他们反对一切创新活动，认为创新是对传统社会的不尊重，是不爱国的表现，也是对宗教的亵渎，不利于本土文化的发展。这些人打着爱国和捍卫本邦文化的旗号反对创新，为了保护本国或地方的经济产业而拒绝与外邦进行贸易往来和技术交流，这不仅不利于经济的可持续发展，也不利于文化思想的传播和更新。保护传统文化思

想无可厚非，但是思想文化只有经过碰撞才能产生新的观点，推动人类社会的发展进步，所以故步自封是不可取的，创新才是社会发展的唯一出路。同样的道理，在任何社会也都会存在这样一部分人，他们是创新的支持者和发起者，他们首先是借助宗教的力量为创新找到一种精神支持。以印刷机的创新发明为例，在古代社会，读书写字是上层社会的人们才有能力去做的事情，因此社会上并不流行对书籍的复制印刷，更不用说印刷机的使用推广，但是随着宗教的发展，为了传播宗教思想，对宗教书籍的需求变得非常大，印刷机首先在宗教机构流行使用，这充分说明“新事物的支持者也可以借助宗教本身来反击他们的敌对者。”① 技术创新是推动文化创新的物质基础，所以说资本创新有助于推动宗教思想的传播，从而形成全新的文化氛围。商业创新活动为宗教制度的建立提供了经济支持，经济活动与宗教制度的关系导致了一个前所未有的适合创新的社会文化环境。

在全球化的今天，资本逻辑基本成为主导社会一切领域的逻辑。所谓资本逻辑，就是资本运动的主导逻辑，其本质上是利润逻辑，是资本在运动过程中，为了实现自身增殖的目的，利用资本创新等手段，扫除资本实现增殖道路上的一切障碍，从而实现资本权力。资本逻辑导致了现代资本文明在全世界的传播以及资本价值体系的建立。马克思共产主义价值观的起源也与资本逻辑有着紧密的联系，因此资本逻辑对马克思共产主义价值观构成了不小的挑战。

① 戴维·兰德斯，乔尔·莫克，威廉·鲍莫尔．历史上的企业家精神——从美索不达米亚到现代［M］．姜井勇，译．北京：中信出版社，2016：89.

马克思曾经对资本逻辑有过非常形象和详细的论述，“资产阶级在它已经取得了统治的地方，把一切封建的、宗法的和田园诗般的关系都破坏了。它无情地斩断了把人们束缚于天然尊长的形形色色的封建羁绊。”① 当资产阶级取得了统治地位以后，就破坏了封建的生产关系，资本凭借自己的独特优势，取得了统治一切的权力，并且切断了一切束缚生产和社会发展的封建约束力。在资本主义时代，社会表现出了不同以往的画面，生产方式随着技术的进步而不断发生变革，生产力也随着这样的变革不断提高，资本主义社会无时无刻不在发生变化。可以说，资本从产生之日起，就引起了社会的“动荡”，资本创新贯穿于资本主义发展历史的全过程，也就形成了不同于封建文化的资本主义文化价值体系。

资本具有不同于其他生产要素的独特属性，马克思在《共产党宣言》中将资本的含义归结为两个方面：第一，资本是“已经积累起来的劳动”，是一种社会财产；第二，资本是一种“社会关系”，资本是集体劳动的结果，需要通过全体社会成员的共同努力才能取得，并且资本在运动的过程中也需要集体成员的配合。由此可见，可以说资本是一种生产关系，它体现的是社会的、一定历史社会形态的生产关系，在资本主义社会体现的就是资本主义社会的生产关系，而在社会主义社会体现的就是社会主义生产关系，这种生产关系以物为载体，通过具体的物表现出来，这个物不再是单纯的财产，而是体现了具体社会性质的财产。资本体现了一种社会关系，这种关系是资本家与劳动者之间的关系，因为资本逻辑本质是一种利润

① 马克思恩格斯选集：第1卷［M］. 北京：人民出版社，2012：402-403.

逻辑，那么由这种利润逻辑所引起的资本家和劳动者之间的利益关系，实质就是资本与劳动的关系，资本为实现增殖目的对劳动进行支配，而劳动的提供者为了实现自身利益不得不被“统治”和被剥削，这种对立关系是由资本逻辑所带来的，资本的利润逻辑为马克思共产主义价值观的产生提供了一定的理论和现实依据。

实际上，资本的利润逻辑除了带来社会变革和生产力的极大提高以外，还创造出新的资本文明，即资本在追求利润的过程中创造出了符合资本主义时代特征的现代资本文明，并形成了一种资本文明价值体系：自由、博爱、平等、人权等，这些观念是西方世界一直以来所信奉的价值观，可谓西方国家的核心价值观。这种文明观念也是促使资本不断发挥作用、实现自身不断增殖、资产阶级夺得政权的思想动力。

资本逐利推动了经济的持续发展，在这一进程中，有一个群体在不断发展壮大，他们通过技术创造、管理方式和制度革新、思想文化创新等方式实现资本创新，从而为生产力的发展贡献自己的力量，这一群体就是企业家。他们不断地发挥创新精神，为国家经济发展推波助澜，企业家群体的兴起带来的除了经济的进步之外，还有文化的发展。实践证明，一个国家的思想文化是形成企业家群体的重要因素，同样企业家队伍的壮大也会创新国家的文化。在经济落后的国家，满足人们的物质生存需要才是最迫切、最根本的任务，精神文化层面的需求相对较少，当经济起飞以后，人们的需求发生变化，对精神层面的需求不断增多，而有需求就有创新，因此资本创新必然会推动某一个国家或某一个地区创新文化氛围的形成。

二、资本创新有助于发挥经济主体的创新精神

资本创新为经济主体创新精神的发挥提供了基础条件。纵观欧洲资本主义精神史（企业家精神历史），可追溯至新巴比伦时期的美索不达米亚地区。在美索不达米亚地区，历史上首次出现了生产剩余，与该地区丰富的自然资源和地理环境密不可分——河流汇聚以及几个世纪以来沉积下来的肥沃土壤。这样的地理位置和自然环境一方面提高了土壤肥力，另一方面使得这样的地质情况不适合生产石材、金属，也不适合种植灌木。要想生产武器和建造建筑物，就只能通过远距离贸易来购买原材料。美索不达米亚社会的现实情况需要有才能的企业家来组织这些贸易活动，那么要使这些有才能的人能够高效地进行这些创业活动，并为社会带来效益，除了这些人具备创业冒险精神外，还必须要进行适当的激励，建立健全外部激励机制。由此可见，为了实现经济增长而必须进行的资本创新活动为企业家的产生提供了现实条件，资本创新也最大限度地鼓励支持企业家创新精神的发挥。

资本创新为经济主体创新精神的发挥营造外部环境。在罗马和中世纪时期，都出现了破坏企业家精神的活动——非生产性企业家精神。以罗马征服为例，罗马时代崇尚武力征服，他们认为通过这种暴力战争手段聚敛财富是有利可图的，并认为这是受人尊重和值得推崇的活动。这一时期获取财富的方式主要是“再分配性的”，通过暴力手段掠夺财富而非创造财富。虽然中世纪的非生产性企业家精神是导致罗马帝国衰落的原因之一，但是也正是由于这种非生产

性企业家精神导致了“支持生产性企业家精神的制度演进”。在中世纪，国王对军事技术的需求导致了“成本高昂”的军事技术创新，这一活动导致严重的资金缺乏，国王为了筹集资金一方面掠夺臣民，一方面向贵族“妥协”——向贵族寻求财政支持。贵族为国王提供资金支持的前提是要求国王建立保护生产性企业家精神的制度，国王为了得到贵族的支持，便会以此作为交换条件，建立保护企业家创新精神的制度，这也是历史上最早的由官方建立的保护生产性企业家创新精神的制度。由此可以看出，资本创新间接推动了企业家创新精神的发挥，为企业家创新精神的发挥提供了制度保障。

第五章 资本创新推动我国社会全方位发展

20 世纪 90 年代，中国经济的改革开放取得了阶段性成果，初步建立了市场经济体制的基本框架，2001 年加入世贸组织，这是中国经济体制改革过程中的转折点。这些举世瞩目的成就离不开资本创新的推动，资本创新使得中国从制造业大国向创造业强国转变，国家竞争力也随之提高。同时资本创新促进了社会不同阶层之间的流动，并激发大众创新精神和创业劲头，实现全民创新，从而推动社会向前发展。资本创新是社会经济转型的驱动力，为实现经济社会的可持续发展做出了巨大贡献。由此可以看出，资本创新除了带来经济价值之外，还具有重要的社会意义。

第一节 资本创新提高国家竞争力

资本创新是保持和提高国家竞争力的重要方式。马克思曾经说过，资本家在当时只有把全部剩余价值赠送给国外的买主，并且只有通过这种途径才能在世界市场上保持竞争优势，而资本家自己的利润则是通过降低工人的工资来获得的。在这一时期，资本家获取利润的方式比较单一，虽然也存在资本创新，但是很明显，资本家很少通过资本创新方式来获取利润，相反，他们更倾向于通过剥削工人剩余价值的方式来获利，强制掠夺是这一时期获利的主要途径。而在现代社会，随着经济主体的逐渐多元化，经济规模的空前扩大，马克思时代的获利方式显然已经无法满足当前的经济发展需要，资本创新被提上日程，很显然，资本创新顺应经济发展潮流，在保持和提高国家竞争力方面作用显著。

一、资本创新有助于全面深化市场经济体制改革

第一，资本创新可以解决市场经济体制建立和完善的过程中所遇到的问题和矛盾。经济体制改革过程中遇到的问题主要是通过提高经济实力和完善制约经济发展的体制机制等手段来解决。改革开放贯穿我国市场经济发展的全过程，对外开放为提升经济实力和完善经济体制机制提供了强大的推动力。实施改革开放的基本国策以后，我国的市场经济开始与世界接轨，激烈的国际竞争以及国际市场经济的高标准，无疑为我国市场经济的发展以及各类市场的培育建立提供了强大的推动力。为了在国际竞争中不被淘汰，也为了不断提高国家经济实力，资本创新成为经济体制改革过程中的必然选择。首先，通过技术创新来实现经济增长，技术发展无国界，通过学习国外先进技术和经验，将先进技术和设备应用于生产发展的过程中，大大提高生产效率，从而提高生产力，实现经济快速增长，

提升国际竞争力，为深化经济体制改革提供了经济基础；其次，制度创新为改革开放提供了强有力的保障，经济发展过程中除了经济主体实施各种经济行为之外，政府也要为经济的发展提供制度依托，要清除任何阻碍或可能阻碍经济发展的制度，为经济体制改革扫清障碍。

第二，资本创新坚持“以经济建设为中心”的理念，从认识层面为完善社会主义市场经济提供了理论支撑。首先，理论价值维度的创新是资本创新的重要方面，坚持“经济建设为中心”是我国经济体制改革过程中的基本方针，为经济体制改革提供了思想理论基础。“坚持以经济建设为中心”要改革落后的不适应生产力发展的生产关系，因此要创新落后的经济体制，使其适应生产力的发展；其次，思想方面的创新还体现在我国的经济体制改革在思想层面经历了“计划为主、市场为辅”“有计划的市场经济”和“建立社会主义市场经济”以及“完善社会主义市场经济”几个发展阶段，对经济体制改革的认识也在不断进步和提升。政府无疑在思想认识创新方面发挥了不可替代的作用，政府作为经济主体之一，不断探索新方法和新经验，引导其他经济主体为经济体制改革作贡献。

第三，资本创新为经济体制改革提供了多元思路，经济体制改革是多领域多方面的改革，并非局限于单一领域。在经济体制改革的初级阶段一方面是调整所有制结构，由以前单一的公有制为基础逐渐过渡为以公有制为主体、多种所有制共同发展的结构。另一方面实现改革体制和运行机制的转变，为社会主义市场经济的运行和发展提供制度基础。经济体制改革深化阶段的主要任务是完善所有制结构和市场体系、深化国有企业改革、合理调整财政政策、税收政策等。因此，无论是改革的初级阶段还是深化阶段，都不局限于单一领域，而是全方位的经济体制改革，这是一种体制和制度创新，这种创新主要表现在，所有制结构改革在坚持公有制经济主导地位的前提下，强调非公有制经济的作用，并且非公有制经济在未来的经济发展阶段承担着市场竞争领域的主要经济活动，这种改革模式需要配套的完善的政治和法律制度，以保护非公有制经济的存在和发展。例如，出台《反垄断法》《公司法》和《专利法》等各类保护市场竞争的经济法律法规，建立健全现代产权制度以及新供给侧改革提出的新供给制度等等。

第四，资本创新贯穿经济体制改革的全过程。首先，在经济体制改革的初级阶段，改变过去以计划经济为主体的发展格局，引导经济体制向市场经济转变，整个经济运行机制和管理体制创新都围绕市场进行，为初步建立市场经济运行机制建立体制基础，同时在中央的领导下，要逐渐扩大地方的自主权，改革地方投资体制以及财政体制；其次，随着我国经济体制改革的不断深入，改革的方向逐渐由“有计划的市场经济”逐渐向“建立社会主义市场经济体制”转变，而改革的内容也开始由过去的经济体制转型过渡到制度创新。这一阶段制度创新主要包括金融投资、财政税收、外贸交易等领域的宏观制度的创新，同时制度创新推动了现代企业制度的建立，充分调动了市场主体的积极性；最后，21 世纪的经济体制改革逐渐进入“深水区”，面对难啃的“硬骨头”，要在原有制度的基础上继续创新发展，除了进一步完善所有制结构、经济管理体制和市场体系之外，还要完善各种配套的经济制度，为社会主义市场经济的发展扫清障碍。

二、资本创新提高国家生产力

资本的本质是追求剩余价值，其附加职能是提高生产力。资本从一开始并不是为了提高生产力而存在的生产要素，而是在追求剩余价值的过程中实现了生产力的提高，随着生产力的不断发展，资本追求剩余价值与提高生产力变成了一种相互作用的关系，生产力的提高也有助于实现资本的本质目的。因此，提高生产力就成了资本追求剩余价值的前提条件，生产力的各要素，即各种生产资料和劳动力等必须不断地重新组合，才能使生产力不断提高，从而实现资本追求剩余价值的目的。

改革开放以来，我国生产力的发展取得了非常大的进步，这种进步最突出的表现就是生产力的高速发展，经济实力的空前提高。与改革开放前的经济状况相比，市场取代了政府在资源配置中的功能，释放了各种生产要素的活力，生产力有了前所未有的提高，而与发达国家相比，虽然仍有差距，但是这一差距正在不断缩小，我国于 2014 年一跃成为世界第二大经济体，这些显而易见的经济成就充分说明我国的国家竞争力正在稳步提高。资本创新贯穿改革开放的全过程，并将潜在的生产力转化为现实生产力。

资本创新不仅包括技术创新，还包括文化创新、制度创新等方面的创新。资本创新最根本的目的是获取利润，提高生产力：技术创新提高生产要素的使用效率；文化创新一方面更新企业文化，从精神层面带动企业经济发展，另一方面在全社会形成一种创新意识和创新氛围，推动“大众创业、万众创新”；制度创新则是通过国家政策的支持与配合，一方面培养技术人才（发明家）和管理人才（企业家），另一方面针对国家之间资源环境和政治生态的差异进行制度创新，发明家发明出的新技术和新设备除了需要有眼光和胆略的企业家投资以外，更需要国家的支持，这样才能将创新出的技术转化为现实的生产力，从而提高国家经济竞争力。

在激烈的国际市场竞争中，国家的竞争优势归根结底是企业的竞争优势，而这种优势来自企业家的创新、技术的升级和管理经验的改善。企业要想获取竞争优势，第一要具备创新能力，并能够保持现有竞争优势的同时主动创新；第二要与时俱进，顺应时代潮流，随着产业结构升级不断更新企业结构。

资本创新是国家和企业发展生产力的驱动力，也是提高国家和企业竞争力必不可少的方式。熊彼特在论述自己的创新理论时指出，竞争是一种动能，市场经济的竞争从本质上来说不是为了保持供求平衡，其目的是不断变化、不断创新。希腊哲学家赫拉克利特曾经说过，“一切都存在，同时又不存在，因为一切都在流动，都在不断地变化，不断地产生和消失”，万事万物都处在不断的变化中，那么创新也绝非一成不变的行为，它是一个循序渐进没有止境的过程。一个国家或者某个企业在某一领域取得了竞争优势，但是这种竞争优势随时都可能被其他国家或企业所取代或超越，为了守住这种优势，资本创新才是唯一的出路。因此，资本创新可以将潜在的生产力转化为现实的生产力，为保持国家竞争力发挥着巨大的作用。

三、"中国制造"到"中国创造"的飞跃

资本创新的目的是为经济创新主体带来利润，那么一切阻碍获利的行为或事物都必须改变。资本形态作为资本的具体存在形式，在资本追逐利润的过程中，会随着经济发展变化而不断发生变化。资本的形态与生产关系一样，不是永恒不变的，它会随着社会经济的发展不断变化。改革开放以来，中国经济面貌发生了翻天覆地的变化，也经历着由制造业大国到创造业强国的转变，"不同的发展阶段反映事物的质的变化，不应该把这些不同的阶段互相混淆起来。"① 无论是"中国制造"时代还是"中国创造"时代，资本都有其实现自身价值的形态，而创新形态的唯一目的就是实现剩余价值的最大化：在"中国制造"时代，社会主要矛盾是人民日益增长的物质文化需要同落后的社会生产之间的矛盾，主要任务是发展生产力，促进经济增长，有形资本在推动经济增长方面发挥着重要作用（在G-W-P-W′-G′过程中为了使得G′大于G，大力发挥G的作用），而经济积累已达到一定程度，到了中国创造时代，受到国际竞争的影响，资本在G-W-P-W′-G′过程中已无法使G′大于G，因此需要改变资本形态来适应这一变化发展。

（一）"中国制造"时代

在"中国制造"时代，有形资本是企业获取收益的主要资本形态，中国仅仅作为发达国家的产品加工厂，生产规模与收益成反比。

① 薛暮桥．中国社会主义经济问题研究［M］．北京：人民出版社，2012：11.

“中国制造”时代，大部分企业的生产能力随着市场经济的发展而不断提高，通过“引进—吸收—再创造”的模式进行生产，很少有企业拥有自己的核心技术或原创技术，从而使得技术创造能力滞后于企业的生产能力，作为“世界加工厂”的中国拥有丰富的物质资本，却鲜有技术资本，创新思维还没有内化为企业的核心思想。

“中国制造”时代大致经历了两个发展阶段：第一阶段，从1978年到2001年。1978年，十一届三中全会决定将工作重心转移到社会主义现代化建设上来，由此，中央出台一系列相关政策开始实行经济体制改革，大力发展重工业，实行有计划的市场经济，为资本实现自身增殖扫清“障碍”。工业化建设离不开机器、厂房、建筑、交通设施等形式的生产物资，企业为了获取利润，就必须积累物质资本，因此物质资本就成为“中国制造”时代的主要资本形态。此外，为保障经济平稳发展，国家为此提供制度资本，例如1995年提出“科教兴国战略”等等。第二阶段，从2001年到2008年。2001年中国加入WTO，意味着中国向世界市场迈出了重要一步，前一阶段的“制造大国”地位保证了中国具有一定的经济实力走出国门，这时面对国内外市场，中国必须在原有的生产力基础上实现更大跨越。面对国内外市场消费需求的多元化，要想提高国际竞争力，就必须大力发展科学技术，将科技转化为生产力，21世纪的中国处在信息技术快速发展的时代，物质资本显然已无法满足企业实现利润最大化的要求，资本实现自身增殖遇到了障碍，因此创新资本形态刻不容缓。在物质资本存在的基础上，将技术资本、人力资本等新型资本形态纳入经济发展的轨道上来，技术资本、人力资本，以及金融资本等资本形态成为现阶段资本增殖、企业获取利润的主要形式，这些新型资本形态都依赖于物质资本，并反过来促进物质资本的积累。

（二）“中国创造”时代

在“中国创造”时代，经济增长方式从粗放型到集约型转变，中国企业拥有更多自主创新能力和先进技术，对国外先进技术的依存度也大幅降低，在“互联网+”新型发展模式下，资本形态也更加丰富多样化，由劳动力资本向技术资本等形式转变，不再通过廉价劳动力降低生产成本等方式来获利，而是通过互联网平台实现机器设备的智能化管理，提高企业生产效率和国际竞争力。“中国创造”不仅包含制造，更有创新的含义，是“中国制造”的升级版。

“中国创造”时代指的是从2008年金融危机至今。这一时期，资本形态呈现多元化发展趋势，不再以有形资本形态为主。从国内市场私人企业的纷纷建立到国外市场跨国公司的大规模扩张，从某一行业的私人垄断到国家垄断，从传统工业的稳步发展到服务业、电子商务等新兴业态的兴起，从“制造业时代”到“知识经济时代”，再到“信息科技时代”，尽管单一化的传统产业已无法满足多元化市场需求，但是市场主体追求利润的欲望和目标却始终没有变。资本作为追求利润的价值，其职能和形态也朝着多元化方向发展，受本阶段“互联网+”模式的影响，企业为了最大限度地获利，就需要赋予物质资本、知识资本、技术资本、人力资本、金融资本新的内涵，同时要创新资本形态，充分利用互联网平台扩大资本流通范围，使实体经济与虚拟经济同步发展。从“中国制造”到“中国创造”是一个循序渐进的过程，资本形态的改变并不是“非黑即白”的突变，而是在某一个经济发展阶段中，某一种或几种资本形态占据主导地位，并能带来更多的收益。“中国创造”时代，随着全球化经济发展的加深，以及互联网经济模式的出现，中国在技术创新领域崭露头角，市场主体充分发挥物质资本与人力资本、知识资本的效用，并创造出属于自己的核心技术，这些核心技术通过机器设备等有形资本表现出来，或者经人掌握并运用，形成技术资本，为资本增殖，为企业带来利润。

需要指出的是，随着我国综合国力的提高，“可持续发展”“绿色发展”等概念被提出，企业在进行大规模生产的同时要关注环境保护。“中国制造”时代，中国是发达国家的“加工厂”和“排污场”，只注重经济效益而忽视社会效益是这一时代中国企业的特征。“中国创造”时代，各种环境问题接踵而至，因此在发展经济的同时不能忽视对生态环境的保护。企业作为市场主体，其追求的目标是利润最大化，而对于环境的投入势必会影响企业的效益，因此为了实现获利的目标，企业必须创新生产模式，生态资本这一全新的资本形态应运而生。所谓“生态资本”，就是能够带来经济效益和社会效益的自然资源和生态环境。“生态资本”的产生无疑给企业带来新的盈利模式，对生态资本的合理利用可以造就一大批新兴行业，例如以旅游业为圆心的相关产业，利用得天独厚的地理位置开辟生态旅游景点以及与此相关的餐饮、服务行业，同时可以利用互联网搭建信息交流平台，来拓展市场，创新企业还可以根据数据信息来衡量投入与回报的比例，从而降低投资风险，提高利润。

第二节 资本创新激发社会活力

资本创新有一个重要的附加价值，即在全社会形成一种创新精神，使劳动逐渐变成自由自觉的创新活动，而并非束缚人、剥削人的活动。马克思在论述异化劳动理论时说过，一旦停止肉体上或其他外在的强制，人们就一定会立即逃离劳动，这样的论述充分说明在马克思所处的资本主义社会，劳动并非出于自愿，而是被迫从事的一种活动，这种劳动是为了满足最基本的生存需要，在这种情况下，劳动者只是机械地劳动，所谓的创新对他们来说都是天方夜谭。那么随着资本积累，资本主义社会创造出巨大的生产力，人们的物质生活水平也在逐渐提高，劳动者在满足了生存需要之余，产生了更多精神需求，资本创新更加激发了这种精神需求，这是一种创新的欲望，这种欲望激发人们去积极劳动，去创业。因此，资本创新使全社会形成了一种创业的氛围，从而调动了社会成员的创造性。

资本创新的另一个附加价值就是促进社会生产力的发展。生产力的发展给全社会带来的影响非常之多，例如提高人民生活水平、提高综合国力、为精神文明发展提供经济基础等等，那么生产力的提高还有一个重要的影响就是造成社会流动。不同阶层群体之间的流动，使得不同群体之间的交流日益频繁，社会流动性增强也会间接促进经济交流，反过来推动生产力的发展。

一、资本创新鼓励大众创业

所谓大众创业，顾名思义就是社会大众创立属于自己的事业，积累自己的资本和财富。创业除了包含创立、建立的意思，更有创新、创造的意思，之所以进行创业，是为了获得利润和积累财富，而资本创新便是大众创业的动能加速器。资本创新从技术、文化、制度等多维度为大众创业提供支持。

资本创新不仅鼓励大众创业，更从不同层面支持大众创业的发展。第一，技术创新是大众创业的先决条件，无论是工业时代新机器、新设备等创新使用，还是现在的信息技术时代各种网络交易平台的广泛使用，都为大众创业提供了技术支持，我国“微商”时代的到来就是很好的例证，社会成员借助互联网交易平台，大大地降低了交易成本，从而降低创业门槛，使大众创业成为可能。第二，文化创新使人们不再拘泥于以前的传统观念，像“铁饭碗”、稳定的收入等深入人心的就业观念不再成为束缚人们创业的枷锁，随着解放思想的不断推进，冒险、创新等观念逐渐被人们接受，“公务员热”的消退充分证明了文化创新给社会带来的思想观念的改变，人们充分发挥自身的主观能动性，使“人力资本”真正发挥效能，这种创新意识就像是一种催化剂，鼓励人们进行创业。第三，制度创新也是大众创业必不可少的外部条件。“如果把政治行动范围搞得过大，以至于几乎只有官僚机构才能掌握有关这一政治行动的必要知识，那么个人的首创性一定会减弱。”① 可见政府权力过大就会影响创新行为的产生，从而在一定程度上阻碍大众创业。在二战以前，西方社会达到过这样一个阶段，即“当时更重要的是清除那些因人类的愚蠢而加诸于我们前进道路上的障碍，解放个人的创造力，而不是设计更多的机构去‘指引’和‘指导’他们——也就是说，要创造有利于进步的条件，而不是去‘计划进步’。”② 以哈耶克的观点来看，政府机构太多和政府权力过大一样都会影响人们创造力的发挥。由此来看，政府应当为大众创业提供更好的制度环境而并非代替大众进行创业，那么毫无疑问制度创新满足了大众创业的对外部制度环境的要求。

二、资本创新促进社会流动

自资本产生之日起，资本创新也随之产生，资本创新是伴随资本逐利而产生的一种经济行为，可以说资本创新贯穿资本发展史的全过程。资本创新为经济主体带来利润的同时也提高了社会生产力，而生产力的发展会给社会带来许多影响，如提高人们的生活水平、为社会的精神文明发展提供物质条件等等，那么社会流动也是由生产力的发展所引起的。由此可见，资本创新也会间接引起社会流动。所谓社会流动，是指社会成员或群体从一个阶级或阶层转移到另一个阶级或阶层，其中社会地位和职业等都会发生改变。任何社会形

---

① 弗里德里希·奥古斯特·冯·哈耶克．通往奴役之路［M］．王明毅，冯兴元，等译．北京：中国社会科学出版社，2015：247.

② 弗里德里希·奥古斯特·冯·哈耶克．通往奴役之路［M］．王明毅，冯兴元，等译．北京：中国社会科学出版社，2015：250.

态在历史发展的过程中都会发生社会流动，因为随着生产力的发展，必然会形成具有不同身份和社会地位的群体，如封建社会的贵族阶层和商人阶层、资本主义社会的资本家和劳动者阶层等等，在古代社会虽然生产力水平较低，但是也会发生不同程度的社会流动。

引起社会流动的原因主要包括三个方面：自然因素、人口因素和社会因素。自然原因引起的社会流动是人力无法改变的，是客观存在的，自然资源的多寡以及自然灾害的发生频率都会影响人群的迁移流动。当人口的增长超过了自然环境的承载能力，自然资源已无法供给人口的生存需求，人群就会重新选择迁移地。

社会原因是造成社会流动的一个很复杂的因素，也是引起社会流动的根本原因，主要包括：价值观的改变；社会革命；不可控因素，如战争等。这种社会原因究其本质是一种文化创新，即资本创新的一个重要维度。

首先，价值观的改变是引起社会流动的一个首要原因。在欧洲，随着宗教改革的影响，先前封建贵族以赚取利润为耻的思想观念逐渐改变，企业家阶层的社会地位不断提升，以前以家族荣誉、获取权力和荣誉为主要价值目标的观念开始被追求经济利益的目标所取代，这就造成了不同社会阶层之间的流动，促进社会经济进步和繁荣。中国自古就有“市农工商”的阶层划分，可以看出商人处于社会最底层，人们鄙视商人阶层而崇尚农耕文化，社会阶层的流动倾向于农业和工业，这在一定程度上阻碍了经济的发展。因此价值观的改变会影响社会流动的方向。资本创新的一个重要方面是文化创新，而价值观的改变从本质上讲就是一种文化创新。因此资本创新会促进社会流动，从而激发社会活力，推动经济的发展。以宗教改革为例，新教伦理的形成，实际上就是一种文化思想的创新，加尔文新教伦理教义的形成，给人们追求财富的行为提供了一种理论支持，对企业家创新精神的形成也起到了推动作用，改变了人们以往对金钱的看法，提高了人们工作创业的积极性。在现代社会，要想实现经济的进步，从文化角度进行创新，也不失为一个明智的选择。

其次，战争也是造成社会流动的一个不容忽视的原因。在人类历史进程中，世界上的任何国家，无论是发生国内战争还是国际战争，都会造成大批人群逃离原来生存的地方到其他城市或国家避难，这就产生一个重要问题，即逃离的“难民”如何融入当地的生活。“难民”从自己的国家逃离，必定会带来母国的技术、文化等等与迁入国的技术和文化进行融合，从正面效应的角度来看，这一过程就是打破原有的平衡状态，进行融合创新的过程。迁入人口给迁入国带来全新的技术，同时也带来了完全不同的文化或宗教信仰，使得迁入国的社会更加多元化。战争造成的社会流动引起了技术、文化等方面的创新。以历史上著名的十字军东征为例，这场战争打开了东西方的贸易之门，抛开给欧洲带来的经济上的损失以及给人民造成的苦难不说，从长远发展来看，这场长达 200 年之久的战争使欧洲在商业、银行业以及货币经济领域发生了深刻的变革，推动了城市经济的发展，这也是资本主义经济萌芽的一个重要条件。同时十字军东征也使得东西方文化交流日益增多，东方的重要发明，如阿拉伯数字、代数学、指南针、火药等都是在这一时期传入欧洲的，对西方文艺复兴运动也起到了推动作用。由此可见，战争造成的人口流动，也给社会带来了不少积极的影响，从技术、文化等层面推动资本创新。

最后，历次社会改革或革命也会引起社会流动。社会改革是从政治、经济、文化、社会等多个维度进行的结构性调整，必定会引起广泛的社会变动，从而引起人口在地域上的流动，以及不同阶层之间的人群的流动。以我国社会革命为例。1978 年，中国实行市场经济体制改革，调整农村产业结构，政府部门开始下放权力，对农村人口向城镇人口的流动放宽了限制，这些政策都增加了社会流动性。同时随着南部经济的飞速发展，我国人口向南部以及东南沿海流动的数量日益增多，而经济发达的南部省份的人口也有向海外迁移的趋势。由此可见，经济的发展是吸引人口的一个重要的方面，同时政策的支持也会造成社会流动。社会改革是多维度的，包括政治、经济、文化、社会等方方面面的内容，经济只是其中一个重要方面。引起社会改革的原因则是社会内部矛盾尖锐，影响了社会正常运行和社会群体的利益，那么改革的结果必定会影响社会各阶层群体之间的利益从而引起人口流动。

受自然环境以及封建观念的影响，中国在很长一段时间都处于一种闭关锁国的状态中，封建落后的生产方式占主导地位。“靠山吃山，靠水吃水”以及“安土重迁”的价值观念使得人们对迁居流动持反对的态度。因此古代中国社会流动并不多见，除非自然灾害以及战争的影响会造成人口流动，人们自愿流动的情况少之又少。但是在古代社会，“官本位”的思想观念造成人口的纵向流动，如百姓通过科举考试求取官职，向上流社会迈进等，由此可以看出价值观念的变迁在社会流动性这一问题上起到了至关重要的作用。

中世纪的英国，各个阶层之间有严格的等级区分。封建贵族与商人阶层之间是不相容的，相互之间的交流更是少之又少，因此各个阶层之间的流动性较差，商人的社会地位较低，而处于上流社会的贵族则通过世袭继承等方式获得高贵的身份和地位。随着文艺复兴文化运动的兴起以及宗教改革的开展，新的文化价值观念开始影响了贵族的传统思想，他们开始转变对商业以及逐利行为的看法。受到新教伦理价值观的影响，他们当中许多人对追逐利益的行为产生了兴趣，贵族企业家这一阶层开始兴起。因为随着商人、企业家阶层的崛起，贵族阶级感到经济地位受到威胁，支撑这一阶层的经济基础开始动摇，贵族阶级先前拥有的大庄园和土地作为自己阶层的经济支柱逐渐被商人阶层的财富所超越，这种改变要归功于资本主义经济的快速发展，同时16世纪到17世纪的价格革命也起到不小的作用。因为在这一时期通货膨胀非常严重，高昂的物价和低廉的工资是由利润的无限增加引起的，毫无疑问这中间受益者就是企业家和商人，他们利用这一时期的利润的扩张实现了资本积累。很显然贵族阶层在这一时期受到了极大的刺激，一方面随着商人逐渐扩张的经济基础和逐渐壮大的队伍，他们深深感到自己的社会地位不再如以前那般稳固；另一方面他们也开始觊觎商人和企业家获得的财富，这就激起了自己追逐利益的欲望。相比较以前贵族所拥有的地位、荣誉、头衔以及权力，他们的目光开始向财富转移，开始愿意与商人合作。资本主义生产方式逐渐被贵族所接受，从以前的自给自足的生产方式逐渐向商品市场以及商品交换的经济方式转变。受到资本主义商业精神的影响，封建贵族将手中的土地作为资本，作为发财致富的工具，通过大规模的生产经营来获取更大的利润。他们与企业家一样，将追逐利润作为生产的目的，历史上著名的“圈地运动”就是封建贵族为了满足自己的金钱欲望而开展的一项剥削农民的运动。商业贵族最初是从农业改革入手来进行自己的逐利活动，他们也企图成为像商人企业家那样具有创新精神的阶层，一方面改革创新农业生产经营方式；另一方面将资本投入工业、商业以及金融业等新兴行业中去来实现财富的迅速增加。

在欧洲，商人和企业家的队伍随着资本主义经济发展而不断壮大。由于封建贵族的压迫和剥削，这些企业家和商人无法获取与贵族阶层同等的财富和社会地位，他们只能另辟蹊径，开展与贵族阶层完全不同的经济活动来维持自身的生存和发展，也正是由于这种被动的选择，使得企业家和商人阶层逐渐在经济上取得了主导权。而经济因素在社会发展过程中一直处于决定性地位，经济地位的提高势必会影响社会地位的改变，从而打破原有的社会结构，封建贵族的经济根基被打破，从而其社会地位必然受到影响。

在欧洲的土地上，阶级结构发生了重大的改变，商人、企业家和贵族之间的交流日益增多，以往严格的阶级界限也在资本主义经济的发展过程中变得模糊，贵族阶层开始效仿企业家追逐金钱利润，企业家和商人随着手中资本的日益增多，也会设法提高自己的社会地位向上流社会靠拢，因此，商人阶层和贵族阶层开始频繁交流，社会流动性开始增强。

“社会流动的结果是社会开放。”① 企业家和商人阶层开始向贵族阶层流动，社会地位也随之提高，他们有机会进入社会政治文化领域。作为社会的经济主体，他们除了追逐经济利益外，也在追求一种更高层次的需要，即对荣誉和社会地位的追求。

第三节　资本创新推动社会转型

在经济全球化日益加深的时代背景下，中国经历了改革开放以来40多年的飞速发展，所取得的成绩我们有目共睹，但不可否认面临的问题也日益严峻：人口老龄化引起的人口红利逐渐消失、原有较低的产业结构层次阻碍了技术进步与经济发展等。从以前对生产规模扩大的迫切需要到现在的对经济结构转变的现实要求，说明目前产业结构的升级已成为转型期的中国摆脱经济持续发展“瓶颈”的途径，那么推动产业结构升级的一个重要方法就是资本创新。

一、资本创新促进社会经济转型

要解决我国经济体制改革过程中出现的各种矛盾和问题，推动社会经济平稳转型，首先要弄清楚什么是社会经济转型，只有搞清楚社会经济转型的内涵，才能更有针对性地去解决问题。经济转型是指经济运行状态的改变，是资源配置方式的转变以及经济发展方

① 张维迎，盛斌．企业家：经济增长的国王［M］．上海：上海人民出版社，2014：189.

式的变革，包括经济体制转型和经济结构转型。经济体制转型是指从计划经济体制到市场经济体制的转变，这也是资源配置方式的转变，经济体制转型的目的是实现制度创新。经济结构转型是指经济增长方式的转变，而产业结构升级是经济结构转型最为重要的一个方面。在国际竞争中，产业结构扮演着重要的角色，因为"'结构的改变'是一国企业进入新产业竞争的绝佳机会"①。

在转型期的中国，制造业和服务业都还处于粗放型的增长模式中，这在国际竞争中并无明显优势。资本形态的单一化是造成这种经济增长模式的主要原因，也是阻碍资本追求剩余价值的因素之一。因此，为了使资本能充分发挥所长实现自身增殖，也为了改变粗放式的经济增长方式，提高国际竞争力，创新资本形态势在必行。

产业结构升级是一个复杂的动态过程，要围绕经济增长这一目的来使产业结构趋向合理化、高层次和系统化。任何阻碍经济增长的产业结构都需要升级，同理任何阻碍产业结构升级的资本形态都需要创新。因此，影响产业结构升级的因素的多样性决定了资本形态的多样性，反过来资本形态创新又推动产业结构升级的进程。资本形态创新对产业结构升级的影响主要包括三个方面。

（一）技术资本的推动

随着市场经济的发展，科学技术由原来只是为了单纯提高生产率从而获取剩余价值的手段转变成了一种生产资本，即技术资本，

---

① 迈克尔·波特．国家竞争优势（上）[M]．李明轩，邱如美，译．北京：中信出版社，2012：34.

之所以将技术称之为资本，一方面科学技术的创新发展是由积累起来的人类劳动完成的，符合资本的一般定义，即资本是积累起来的劳动；另一方面这种技术资本具有资本的一般属性，即实现价值增殖的目的。

科学技术的发展是生产力提高的条件，也是产业结构升级的动力。马克思曾经说过："随着大工业的发展，现实财富的创造较少地取决于劳动时间和已消耗的劳动量，较多地取决于在劳动时间内所运用的动因的力量，而这种动因的自身，它们的巨大效率，又和生产它们所花费的直接劳动时间不成比例，相反地却取决于一般的科学水平和技术进步，或者说取决于科学在生产上的应用"①。科学技术的发展使产业结构趋于合理化，技术资本对经济增长的贡献率与日俱增：第一，技术进步最直接的影响是提高生产效率，使企业生产规模不断扩大，为新兴产业的形成奠定了生产力基础；第二，科学技术的发展使得生产技术和生产工具不断更新，在生产过程中采用现代化的生产手段，形成全新的产业或者改革传统产业，优化产业结构。"各种不费分文的自然力……以或大或小的效能并入生产过程。它们发挥效能的程度，取决于不花费资本家分文的各种方法和科学进步。"②

（二）人力资本的推动

近些年人口老龄化的加剧导致劳动力数量减少，面对逐渐消失

---

① 马克思恩格斯全集：第46卷（下）［M］. 北京：人民出版社，1972：217.

② 资本论：第2卷［M］. 北京：人民出版社，2008：394.

的人口红利，提高劳动者素质显得尤为重要，因此，人力资本这一促进经济增长的关键生产要素应运而生。实践证明，人力资本这一要素在知识经济时代具有更高的增殖潜力。所谓“人力资本”，是指劳动者通过学习、专业训练、长期实践等方式积累起来的知识和能力，不仅为企业带来更高的收益，同时提高了自身价值，是传统劳动力资本的升级版。

产业结构升级是对现有的生产要素进行重新配置的过程，人力资本作为推动经济增长的关键因素，无疑在产业结构升级的过程中发挥着重要作用。如前所述，产业结构升级主要包括三个方面的内容：产业结构的规模不断扩大；产业结构层次不断提高；各个产业之间的联系日益紧密。人力资本数量的增加必然会引起其他生产要素的集中，这使得人力资本集聚的产业部门可以拥有更多的资源和竞争优势，从而扩大产业结构的规模；人力资本作为一种“活资本”，具有实践性、创新性、能动性，充分发挥人力资本的优势，使其与技术资本相结合，从而释放科学技术的能量，开发出新兴产业部门或者改造传统产业部门，提高产业结构层次；人力资本促进了不同产业部门之间的交流，实现物质资源在不同产业部门的合理配置和流动，充分发挥其他生产要素的使用价值，增加各个产业部门之间的良性互动。

（三）制度供给的推动

制度作为一种新形态的资本具有资本的一般特性：既可以带来剩余价值，也是一种经济权力，其对经济的发展起间接的推动作用。

制度经济学家道格拉斯·诺思认为，“西方的崛起正是因为那里出现了有效率的经济组织，在制度上做出安排和确立所有权以便造成刺激”，① 对比改革开放以前的中国和西方的经济发展状况可以看出，中国经济增长缓慢的重要原因是计划经济体制的束缚，完全由政府调控经济、配置资源，导致了资源的不合理利用以及个人和企业的生产积极性降低，影响生产效率进而阻碍经济增长。市场经济制度的确立，市场对资源的配置起主导作用同时结合政府的计划配置，使得有限的资源得以充分利用，生产效率的提高和经济增长的出现也调动了个人和企业的积极性，从而形成经济运行的良性循环。但是随着经济发展，个人可支配收入逐渐增多，消费需求也随之升级，由过去对量的满足转变为现在对质的追求，而我国的经济增长方式仍然以粗放型发展为主，这就必然导致供给和需求之间产生矛盾，而缓解这一矛盾的最佳方式就是实行供给侧改革，提高供给质量，这一制度的实施对推动产业结构优化升级也具有重要作用。由此可以看出，良好规范的制度这一无形资本具有其他资本不具备的优势：第一，制度可以规范市场环境；第二，制度可以优化资源配置，使资源在不同产业部门合理流动；第三，良好规范的制度可以加速产业结构升级。产业结构升级与资本形态创新是一个同步双向互动过程。

新供给侧改革就是一种制度创新，在推动中国市场经济改革进程中发挥着重要作用。

“十四五规划”开局，中央经济工作会议继续强调深入推进供给

① 滕泰，范必，等．供给侧改革［M］．北京：东方出版社，2016：69，218.

侧结构性改革，促进经济持续健康发展。所谓供给侧结构性改革可以从两个层面来理解：第一个层面是供给侧，即从提高供给质量方面来发展生产；第二个层面是通过经济改革来实现结构性调整，合理配置各种要素，扩大有效供给，使得供给可以灵活适应需求变化，优化供给结构，从而提高"全要素生产率"。资本作为其中一个重要的生产要素，在供给侧结构性改革中发挥着重要的作用。

在这一发展时期提出新供给侧结构性改革有其时代意义和现实价值，是在综合分析国内经济发展现状和国际经济发展的大背景下提出的。供给侧结构新改革以"五大发展理念"作为理论依据和指导，引领着中国经济发展进入新常态阶段，这一结构性改革的提出可以说是一种制度创新，是资本创新的应有之义，是针对中国经济所遇到的矛盾问题提出的。

新供给侧结构性改革是一项极其复杂的制度性改革，是针对经济发展中出现的结构性矛盾所提出的，是一种制度上的创新。我们知道当前我国经济发展的现状是周期性矛盾和结构性矛盾并存，并且结构性矛盾是主要的矛盾。因此新供给侧改革是一种结构性改革，并非减少需求，相反应当在一定程度上扩大需求，与此同时，合理地调整需求结构，使供给结构也与之相适应。这一结构性改革并不是要进行计划配置，而是应当以市场作为资源配置的主体，充分发挥市场的调节作用，所以进一步完善市场机制是非常重要的。过去我们更多的是依靠国家行政干预来完成资源的配置，这就会造成要素配置扭曲的后果，降低资源配置效率从而影响经济增长，造成这一结果的根本原因还是政策的过多干预使得市场不能发挥应有的作用，市场供给需求的结构性矛盾日益凸显。

资本创新推动结构性改革的进程。结构性改革的实施可以改变国家干预经济的现状，政府应当明确自己在市场经济发展过程中所扮演的角色和履行的职能，通过调整各种阻碍经济增长的政策，创新经济制度，从而激活市场的功能，激发市场的活力。由此可见，资本创新最大限度地发挥市场的作用，在遇到市场无法通过自身解决的矛盾时，政府才应当出现，并且政府还需明确自身职责，在市场经济发展过程中做好宏观调控的工作、监管市场、提供良好的公共服务、保护生态环境等等。

资本创新保证对外开放政策的贯彻落实。对外开放政策对经济发展的影响表现在充分发挥市场的功能。历史经验告诉我们，闭关自守不仅会制约国与国之间的文化思想交流，更重要的是阻碍经济交流，扩大开放是顺应世界潮流的选择。首先，对外开放的目的之一是扩大市场规模，资本创新不仅有助于建立规范有序的市场，而且对利润的追求以及竞争的推动使得市场规模也越来越大，这就达到了对外开放的目的；其次，拉动经济增长是对外开放的目标，资本创新推动了国与国之间的经济交流，从而可以最大化地吸引和利用外资，创造更多的投资机会，实现经济增长的目标。因此，资本创新为对外开放政策的落实，实现对外开放的目标做出了重要贡献。

资本创新为实现经济增长方式的转变提供动力支持。经济发展的客观历史规律表明，各个国家的经济增长方式都要经历从粗放型向集约型的转变，从简单分工向复杂分工的逐步演进，那么我国的经济发展方式也必然要经历这样的过程。虽然粗放型的经济发展方式会造成资源的浪费和环境的破坏，但是不可否认这一经济增长模式在我国经济发展过程中曾经发挥着举足轻重的作用，然而历史是不断向前发展的，资本创新实现了生产力的大幅度提升，受到经济全球化的深刻影响以及可持续发展理念的引导，这种粗放型的经济发展方式已经不能满足我国经济发展的需要，甚至阻碍了经济发展的进程，带来了一系列矛盾问题。所以，只有转变经济发展方式才能顺应历史潮流，才能最大限度地发挥经济的优势和潜力。

推动供给侧改革要遵循三个基本原则：第一，解放和发展生产力是物质基础。社会主义初级阶段的国情不能跨越，要正视生产力水平与发达国家的差距，因此目前我们仍然要坚持以经济建设为中心，且必须要遵循经济发展的客观规律。第二，坚持社会主义市场经济改革的方向。在最大限度地发挥政府的宏观调控职能的基础上，要坚持市场在资源配置中的主导作用。第三，调动各个经济主体的积极性，包括企业家、创新人才、政府人员等等。充分发挥企业家精神，给企业家足够的创新空间和政策支持；要为各类创新人才建立完善的激励机制，调动他们的创造积极性；对政府人员应当实行激励与约束相结合的政策，要适时适度地激励使他们为创新发展提供新观点和方法，同时要坚持党纪和法规不可逾越的原则。

因此，要使供给侧结构性改革真正得到落实，政策创新是题中应有之义。宏观调控政策、产业政策、微观政策、改革政策、社会政策等五大政策不断创新，协调发展，相互配合，推动供给侧改革的顺利进行。

宏观调控政策是指导国家运用各种手段对国民经济进行调节和

控制的经济政策，这一经济政策是保证社会再生产顺利进行协调发展的重要条件，也是国家履行经济管理职能的重要依据。宏观调控政策随着经济发展的变化而不断更新，而政策的创新主要遵循三个基本原则：第一，眼前利益和长远利益相结合，为了适应经济可持续发展的需要，应当转变经济增长方式，过去以牺牲资源和生态环境为代价的增长模式显然已经阻碍了经济增长和可持续发展，因此经济政策应当以长远的发展目标为基础，即以实现经济可持续发展为目标。第二，经济发展和经济改革相结合，改革的目标必须明确，即建立社会主义市场经济体制，因此改革的措施就要与改革目标相结合，以目标为导向才能有的放矢。第三，国内市场与国际市场接轨。经济发展是全球的问题，宏观调控政策要协调好国内市场和国际市场，充分利用全球化所带来的机遇。同时宏观调控政策也要以“五大发展理念”为依据不断更新，让创新成为带动经济发展的新引擎，实现经济可持续发展。

产业政策是由国家制定的，引导产业发展方向、推动产业结构优化升级、协调不同类型的产业结构发展、推动国民经济可持续发展的一项经济政策。为了推动供给侧结构性改革而制定的产业政策是一种功能性的产业政策，这一创新型政策引导政府不再过度干预经济发展和制定具体的经济项目，而是放手让市场进行选择，让市场来决定资金的流向。

微观政策的创新主要表现在，突出企业的主体地位，使企业成为市场经济的真正主体，企业不再被动地接受国家的干预和安排，而是主动去创造有效的市场供给来满足不断多元化的消费需求，同时也不断开拓消费市场，不断激发企业的创新积极性，经济增长指日可待。

改革政策主要是指贯彻落实政策问题的一种社会政策。改革政策从思想、资金、物资等方面，为供给侧改革提供了和谐稳定的社会环境。

因此，全面深化改革的重点问题就是体制问题，而解决问题的办法就是制度创新。“五大政策”恰恰为供给侧改革的实施提供了政策支持。

二、资本创新推动社会可持续发展

对可持续发展最全面的定义就是：既满足了当前社会发展的需要，又满足未来社会发展需要，不会因为当代人的眼前利益而牺牲后代人的长远利益的一种发展模式。可持续发展包括三个层面的内容：经济层面的可持续发展；生态环境的可持续发展；社会层面的可持续发展。其中，经济层面的可持续发展是基础条件，生态环境的可持续发展是必要条件，社会层面的可持续发展是目标条件。要想实现可持续发展，必须从这三个层面着眼，那么由此看来，资本创新可以说是实现可持续发展的必由之路。从经济层面来看，可持续发展包括，经济增长方式的可持续性和产业结构的可持续性。生态环境的可持续性是指：通过技术创新推动生态环境的改善，从而实现可持续发展。社会层面的可持续发展主要包括：第一，文化价值观的创新。因为思想观念会影响一代人的行为，价值观和社会制度的正负面效应会影响可持续发展，文化创新会带来价值观的改变，从而影响可持续发展的进程和结果，例如十八大提出的“五大发展理念”就会引导社会可持续发展；第二，制度创新，制度创新可以推动可持续发展的落实，因为可持续发展离不开政策的支持。新供给侧改革就是一项重要的制度创新。这三个层面的可持续发展要相互配合协调发展，经济发展是基础，生态环境的发展是保障，社会的可持续发展是动力。资本创新推动这三个层面的同步协调发展。

可持续发展的最原始定义就是指自然资源利用上的可持续性，生态环境的保护对于人类社会的发展具有至关重要的作用，而生态方面的可持续性归根结底要依靠资本的积累和生产力的高度发展。十八届五中全会提出了“五大发展理念”，即创新发展、协调发展、绿色发展、开放发展、共享发展。这“五大发展理念”是相互联系、密不可分的，例如创新发展推动技术创新，这就为绿色发展提供技术支撑。

创新一直是引领社会发展的原动力，是提高经济实力、综合国力以及国际竞争力的重要保障。那么资本创新本质上就是经济发展的助推器，是国家和企业实现财富积累的重要手段之一。要想实现社会经济稳步增长，就必须把资本创新摆在国家经济发展的核心位置。资本创新包含技术创新、文化创新、制度创新等多个维度，因此要实现经济、政治、文化、社会、生态“五位一体”协调发展就必须坚持资本创新。在国际竞争日趋激烈的现实情况下，在我国发展动力转换的新形势下，资本创新才是经济发展的起点和基调。

第一，资本创新是经济发展的新动力，为可持续发展提供动力支持。资本创新是重新组合生产要素的过程，将劳动力、资本、土地、技术等生产要素进行重新排列组合，充分发挥资本这一特殊生产要素的作用，释放各个生产要素的活力，实现经济发展动力快速转换。“三驾马车”现如今在带动中国经济增长的过程中依然发挥着重要作用，但是今非昔比，消费、投资和出口所发挥作用的方式也发生了改变。居民消费结构创新升级，消费方向朝服务消费领域迈进，资本创新带动消费需求转向更健康、环保、安全、智能的方向；资本创新优化投资结构，改革投融资体制，创新融资方式，使更多闲置的社会资本参与到投融资的过程中，充分发挥投资对经济增长的关键性作用；对外出口的过程中，从过去的注重产品数量转变为现在的注重产品的核心技术、质量、品牌、服务，创新出口战略，摆脱制造业大国的名声，转变经济增长方式，发挥资本密集型和技术密集型产业优势，从制造业大国一跃成为创造业强国，只有这样不断创新，才能实现经济可持续发展。

第二，资本创新开拓了经济发展的新空间，为实现可持续发展提供空间支持。随着交通运输事业的发展，以及信息技术的更新，空间距离已经不再是阻碍经济发展的因素，虚拟网络平台也为经济发展提供了广阔的空间。资本创新拓宽了经济发展的地理空间，例如形成了京津冀、长三角和珠三角三大城市群，以及东北地区、中原地区、长江中游、成渝地区、关中平原等城市群，充分发挥城市群的经济辐射带动作用。技术创新拓宽了产业发展的空间，信息技术的发展、智能科技的普及应用、节能环保等新能源产业的兴起等等使产业迅速优化升级。“互联网+”计划和“大数据战略”的实施，使实体经济与互联网相互协调发展，创新经济发展模式。

第三，资本创新为可持续发展提供技术和人才支持。技术创新是资本创新的核心，充分发挥科学技术在资本创新过程中的引领作用。对先进技术的需求可以引导基础研究的积极开展，推动企业和各类科研机构进行创新性研究；制度创新是资本创新的基础，政府作为经济主体之一，也要从研发管理职能向创新型服务职能转变，制度创新鼓励其他经济主体共同参与到科技研发的行动中来，对其他经济主体在创新过程中遇到的“瓶颈”问题给予帮助与鼓励，制定系统的技术解决方案，打造属于我们自己的核心科技领域，实现技术的可持续发展，才能在国际竞争中立于不败之地；文化创新是资本创新的“催化剂”，看似文化思想的改变不能为经济发展带来实质性的成果，但是传统和落后的文化会阻碍经济发展的进程，我们知道企业家精神实质上就是创新精神，这种精神会推动企业家发挥自身优势，发现市场机会、投资机会，将发明家所发明的新技术纳入企业生产经营过程中，因此必须强化企业家在经济创新发展过程中的主体地位，发挥企业家的市场主导作用，支持企业家自主自由自觉创新发展，这样才能建立起真正的有竞争力的创新企业。21 世纪的竞争实质上是人才的竞争，资本创新为经济可持续发展提供了源源不断的人力资本。产学研相结合建立起的技术创新中心，培养出了一大批既进行基础性研究又进行实践创造的科技人才；为科研人才提供配套的政策支持，既给予他们资金的支持又给予他们自主发挥所长的空间，并制订知识产权等相关法律规范保护科研人员的创新成果，资本创新可以不断输出人力资本，为国家和企业的创新发展不断注入新的活力，为经济可持续发展也提供了人才支持，有人的地方就可能有创新，有创新的地方经济才能可持续发展。

第四，资本创新为可持续发展提供了更加完善的政策和制度。资本创新构建了有利于经济发展的新体制，创新的市场环境、产权制度、投融资体制、人才培养引进机制等等，这些体制机制的进一步完善不仅为当下经济发展提供了制度保障，更为未来经济发展可能遇到的问题进行了前瞻性的预测，无论是事后改善还是事前控制，都为经济可持续发展提供合理完善的制度支持。资本创新完善宏观调控方式，首先，进行目标和供求格局的规划，不能朝令夕改，要稳定政策的基调；其次，创新调控的思路和调控工具，加大政策的透明度和可预测性，使经济主体可以依据调控政策进行经济创新活动；最后，完善政策体系，使财政政策、货币政策、产业政策等协调配合。

参考文献

一、马克思恩格斯经典著作文献

[1] 马克思恩格斯选集（第1卷）[M]. 北京：人民出版社，2012.

[2] 马克思恩格斯选集（第2卷）[M]. 北京：人民出版社，2012.

[3] 马克思恩格斯选集（第3卷）[M]. 北京：人民出版社，2012.

[4] 马克思恩格斯选集（第4卷）[M]. 北京：人民出版社，2012.

[5] 马克思恩格斯全集（第30卷）[M]. 北京：人民出版社，1998.

[6] 马克思恩格斯全集（第46卷）[M]. 北京：人民出版社，1995.

[7] 马克思恩格斯全集（第47卷）[M]. 北京：人民出版社，

1966.

［8］马克思恩格斯全集（第79卷）［M］. 北京：人民出版社，1972.

［9］马克思恩格斯文集（第2卷）［M］. 北京：人民出版社，2011.

［10］资本论（第1卷）［M］. 北京：人民出版社，2008.

［11］资本论（第2卷）［M］. 北京：人民出版社，2008.

［12］资本论（第3卷）［M］. 北京：人民出版社，2008.

［13］马克思恩格斯《资本论》书信集［M］. 北京：人民出版社，1976.

［14］剩余价值论（第1卷）［M］. 北京：人民出版社，1976.

［15］剩余价值论（第2卷）［M］. 北京：人民出版社，1976.

［16］剩余价值论（第3卷）［M］. 北京：人民出版社，1976.

［17］马克思.1844年经济学哲学手稿［M］. 北京：人民出版社，2000.

［18］邓小平文选（第1卷）［M］. 北京：人民出版社，2008.

［19］邓小平文选（第2卷）［M］. 北京：人民出版社，2008.

［20］邓小平文选（第3卷）［M］. 北京：人民出版社，2008.

［21］中共中央研究室. 十八大以来重要文献选编（上）［M］. 北京：中央文献出版社，2014.

［22］习近平谈治国理政［M］. 北京：外文出版社，2015.

二、国内学术专著

［1］许涤新，吴承明. 中国资本主义发展史（第1-3卷）［M］.

北京：人民出版社，2004.

［2］司马迁．史记［M］．北京：中华书局，2014.

［3］李泽厚．中国古代思想史［M］．北京：生活·读书·新知三联书店，2016.

［4］李泽厚．中国现代思想史［M］．北京：生活·读书·新知三联书店，2015.

［5］聂锦芳，彭宏伟．马克思《资本论》研究读本［M］．北京：中央编译出版社，2013.

［6］郭士英，汤晓华．资本的探索［M］．北京：中国经济出版社．2012.

［7］张燕喜，石霞．资本论与中国经济理论热点问题［M］．北京：中共中央党校出版社，2009.

［8］牛先锋．知识经济与社会主义［M］．北京：红旗出版社，2002.

［9］张一兵．回到马克思［M］．南京：江苏人民出版社，2014.

［10］何帆．21 世纪资本论导读本［M］．北京：中信出版社，2015.

［11］王天义，王睿．《资本论》学习纲要［M］．北京：中国经济出版社，2013.

［12］俞吾金．被遮蔽的马克思［M］．北京：人民出版社，2012.

［13］朱汉国．当代中国社会思潮研究［M］．北京：北京师范大学出版社，2015.

[14] 孙冶方．社会主义经济论稿［M］．北京：商务印书馆，2015.

[15] 樊纲．制度改变中国［M］．北京：中信出版社，2015.

[16] 张曙光，盛洪．科斯与中国——一位经济学大师的中国影响力［M］．北京：中信出版社，2013.

[17] 陈劲，贾根良．理解熊彼特——创新与经济发展的再思考［M］．北京：清华大学出版社，2013.

[18] 张维迎，盛斌．企业家：经济增长的国王［M］．上海：上海人民出版社，2014.

[19] 滕泰．供给侧改革，下一步怎么办［M］．东方出版社，2016.

[20] 薛暮桥．中国社会主义经济问题研究［M］．北京：人民出版社，2012.

[21] 黄顺基，李庆臻．大动力科学技术动力论［M］．北京：中国人民大学出版社，1990.

[22] 凌云，杨克忠．生产力发展动力论［M］．银川：宁夏人民出版社，1994.

[23] 俞可平．全球化时代的“马克思主义”九十年代国外马克思主义新论选编［M］．北京：中央编译出版社．1998.

[24] 史东明．核心动力论［M］．北京：北京大学出版社，2002.

[25] 周绍森，胡德龙．现代经济发展内生动力论科学技术与人力资本对经济贡献的研究［M］．北京：机构及科学出版社，2010.

［26］鲁从明．资本论的思想精华和伟大生命力［M］．北京：中央党校出版社，1998.

［27］柳随年，吴敢群．中国社会主义经济简史［M］．哈尔滨：黑龙江人民出版社，1985.

［28］王珏，吴振坤，左楠．资本论介绍［M］．北京：中央党校出版社，1982.

［29］马家顺．资本市场与经济增长［M］．南昌：江西人民出版社，2000.

［30］赵旭亮，王明华．资本一般论［M］．北京：经济科学出版社，2000.

［31］张富春．资本与经济增长［M］．北京：经济科学出版社，2000.

［32］谭长流．政经哲学［M］．北京：九州出版社，2015.

［33］赵培．资本的哲学——马克思资本批判理论的哲学考察［M］．上海：上海人民出版社，2014.

［34］郭岱君．台湾经济改革故事（1949—1960）［M］．北京：中信出版社，2016.

三、外国学术专著中译文

［1］［英］李嘉图．政治经济学及赋税原理［M］．郭大力，王亚南，译．北京：商务印书馆 1962.

［2］［英］马歇尔．经济学原理［M］．廉运杰，译．北京：华夏出版社，2005.

[3]［美］约瑟夫·熊彼特．经济发展理论［M］．何畏，易家详，等译．北京：商务印书馆，2014.

[4]［美］迈克尔·波特．国家竞争优势（上）［M］．李明轩，邱如美，译．北京：中信出版社，2012.

[5]［美］彼得·德鲁克．创新与企业家精神［M］．蔡文燕，译．北京：机械工业出版社，2015.

[6]［美］戴维·兰德斯，乔尔·莫克，威廉·鲍莫尔．历史上的企业家精神——从美索不达米亚到现代［M］．姜井勇，译．北京：中信出版社，2016.

[7]［英］弗里德里希·奥古斯特·冯·哈耶克．《通往奴役之路》［M］．王明毅，冯兴元，译．北京：中国社会科学出版社，2015.

[8]［美］道格拉斯·诺斯，等．西方世界的兴起［M］．厉以平，蔡磊，译．北京：华夏出版社，1999.

[9]［法］路易·阿尔都塞，艾蒂安·巴里巴尔．读《资本论》［M］．李其庆，冯文光，译．北京：中央编译出版社，2008.

[10]［德］考茨基．资本论解说［M］．戴季陶，胡汉民，译．北京：九州出版社，2012.

[11]［美］约瑟夫·熊彼特．资本主义、社会主义和民主［M］．杨中秋，译．北京：电子工业出版社，2013.

[12]［美］保罗·萨缪尔森，威廉·诺德豪斯．经济学（第十九版）［M］．肖琛，等译．北京：商务印书馆，2014.

[13]［美］道格拉斯·C. 诺思．经济史上的结构和变革［M］．

厉以平，译．北京：商务印书馆，2013.

[14]［美］大卫·哈维．跟大卫·哈维读《资本论》[M]．刘英，译．上海：上海译文出版社，2013.

[15]［美］曼昆．经济学原理（第7版）[M]．梁小民，梁砾，译．北京：北京大学出版社，2015.

[16]［法］托马斯·皮凯蒂.21世纪资本论[M]．巴曙松，陈剑，等译．北京：中信出版社，2014.

[17]［德］马克斯·韦伯．新教伦理与资本主义精神[M]．康乐，简惠美，译．桂林：广西师范大学出版社，2015.

[18]［苏］卢森贝．《资本论》注释（第1-3卷）[M]．李延栋，等译．北京：生活·读书·新知三联书店，1975.

[19]［英］亚当·斯密．国富论（上下册）[M]．谢祖钧，译．北京：中华书局，2013.

[20]［奥］庞巴维克．资本与利息[M]．何崑，译．北京：商务印书馆，2012.

[21]［英］阿诺德·汤因比．历史研究[M]．刘北成，郭小凌，译．上海：上海人民出版社，2014.

[22]［美］布莱克．现代化的动力[M]．段小光，译．成都：四川人民出版社，1988.

[23]［英］弗里德里希·奥古斯特·冯·哈耶克．个人主义与经济秩序[M]．贾湛，等译．北京：北京经济学院出版社，1989.

[24]［美］罗斯托．富国与穷国[M]．王一谦，陈义，邱志峰，等译．北京：北京大学出版社，1990.

[25] [美] 道格拉斯·诺斯. 制度、制度变迁与经济成就 [M]. 刘瑞华, 译. 台北: 时报文化出版社, 1994.

[26] [法] 布罗代尔. 资本主义的动力 [M]. 杨起, 译. 北京: 生活·读书·新知三联书店, 1997.

[27] [法] 卢梭. 社会契约论 [M]. 何兆武, 译. 北京: 商务印书馆, 2013.

[28] [英] 休谟. 人性论 (上下册) [M]. 关文运, 译. 北京: 商务印书馆, 2014.

[29] [法] 孟德斯鸠. 论法的精神 (上下卷) [M]. 许明龙, 译. 北京: 商务印书馆, 2014.

[30] [美] 斯塔夫里阿诺斯. 全球通史 (上下册) [M]. 吴象婴, 等译. 北京: 北京大学出版社, 2012.

[31] [俄] 哈布里耶娃, 等. 腐败: 性质、表现与应对 [M]. 李铁军, 译. 北京: 法律出版社, 2015.

[32] [日] 金指基. 熊彼特经济学 [M]. 林俊男, 金全民, 译. 北京: 北京大学出版社, 1996.

[33] [美] F.M. 谢勒. 技术创新——经济增长的原动力 [M]. 姚贤涛, 王倩, 译. 北京: 新华出版社, 2001.

四、中文期刊 [J]

[1] 俞吾金. 资本诠释学——马克思考察、批判现代社会的独特路径 [J]. 哲学研究, 2007 (1).

[2] 聂亚珍. 马克思主义资本观的再认识 [J]. 湖北民族学院

学报（哲学社会科学版），2006（2）.

[3] 任平．论资本创新逻辑批判与马克思主义出场学的当代视域［J］．哲学研究，2014（10）.

[4] 冯雷．评艾伦·伍德的《资本主义的起源》［J］．当代世界与社会主义，2005（5）.

[5] 侯建新．新视角：资本主义起源再探讨［J］．史学理论研究，2013（3）.

[6] 周为民．让市场决定资源配置［J］．中国党政干部论坛，2013（12）.

[7] 严正．对当代资本主义的再认识［J］．东南学术，2011（6）.

[8] 杨彦明．论西欧资本主义兴起的精神因素——解读《新教伦理与资本主义精神》［J］．河西学院学报，2006（3）.

[9] 孙宗伟．论近代西方资本主义兴起的精神动力——马克思·韦伯《新教伦理与资本主义精神》解读［J］．宝鸡文理学院学报（社会科学版），2004（2）.

[10]［法］热拉尔·杜梅尼．马克思的《资本论》：资本与资本主义［J］．吴韬，译．当代国外马克思主义评论，2015（6）.

[11] 王泽民．论生产力与生产关系的辩证关系［J］．江汉学报，1962（1）.

[12] 黄顺基．刘炯忠．关于生产力发展的决定动力问题［J］．教学与研究，1963（6）.

[13] 宋一夫，徐宇之．关于社会历史发展动力的层次问题

[J]. 中州学刊, 1988 (6).

[14] 陈玉霞. 汤因比的文化动力论评析——兼论文化在当代的功能凸显 [J]. 黑龙江社会科学, 2006 (1).

[15] 陈伟林, 张菲菲. 马克思与韦伯的社会发展动力思想比较 [J]. 重庆科技学院学报 (社会科学版), 2008 (5).

[16] 陈小玉. 从熊彼特的创新理论看马克思的资本创新思想——兼谈现代企业活劳动相对减少而价值量不断增加之谜 [J]. 经济述评, 2006 (1).

[17] 颜晓峰. 马克思论资本创新 [J]. 龙岩师专学报, 2001 (11).

[18] 陈小玉. 从创新经济学家视角回溯马克思资本创新思想 [J]. 学术论坛, 2006 (3).

[19] 陈庆德. 论中国近代资本形态转化道路的阻塞 [J]. 云南民族学院学报, 1992 (3).

[20] 施雪华. 论西方国家资本形式与政治形式的关系 [J]. 武汉大学学报 (社会科学版), 2001 (11).

[21] 周为民. 宏观调控的五大误区 [J]. 社会观察, 2011 (7).

[22] 沈坤荣, 徐礼伯. 中国产业结构升级: 进展、阻力与对策 [J]. 学海, 2014 (1).

[23] 戴胜鹏. "资本": 一个在当今被误读和滥用的概念 [J]. 学术月刊, 2012 (11).

[24] 郭俊菲. 从资本视角看我国的产业结构升级 [J]. 对外经

贸，2013（4）.

[25] 梁树广．产业结构升级影响因素作用机理研究［J］．商业研究，2014（7）.

[26] 姜泽华，白艳．产业结构升级的内涵与影响因素分析［J］．当代经济研究，2006（10）.

[27] 刘鹤．两次全球大危机的比较［J］．管理世界，2013（3）.

[28] 罗雄飞．论《资本论》的逻辑起点［J］．政治经济学评论，2014（1）.

[29] 徐国亮，吴秋璟．资本形式演变与虚拟资本形成的逻辑［J］．甘肃社会科学，2006（3）.

[30] 王庆丰．资本主义是什么？——从海尔布隆纳对马克思《资本论》的解读出发［J］．北京行政学院学报，2016（1）.

[31] 宋县婷．从"中国制造"到"中国创造"［J］．现代经济信息，2009（13）.

[32] 卫兴华．资本形态变化及其循环——《资本论》第二卷第一篇的基本内容［J］．教学与研究，1981（3）.

[33] 于金富．确立崭新的资本形式：新型社会资本［J］．中州学刊，2003（5）.

[34] 王祖强，包浙英．资本形态的历史考察与公有制实现形式创新［J］．中共浙江省委党校学报，1998（1）.

[35] 何顺果．马克思"资本原始形成"理论研究——重读《资本主义生产以前的各种形式》［J］．史学理论研究，1998（2）.

[36] 金中. 充分估价当代资本主义的生命力 [J]. 唯实，1989 (1).

[37] 马传兵. 新资本形态在国际金融危机中的作用研究——无形资本视角下的危机成因分析 [J]. 国际商务——对外经济贸易大学学报，2012 (1).

[38] 周为民. 按劳分配与按要素分配——从马克思的逻辑来看 [J]. 中国社会科学，2002 (4).

[39] 王健，李佳. 人力资本推动产业结构升级：我国二次人口红利获取之解 [J]. 现代财经，2013 (6).

[40] 王峰明. 资本、资本家与资本主义——从马克思看皮凯蒂的《21世纪资本论》[J]. 天津社会科学，2015 (3).

[41] 沈斐. 资本与资本主义的历史内生机制探究——基于马克思《资本论》视角的历史哲学解读 [J]. 南京社会科学，2012 (9).

[42] 华民. 资本主义的发展动力、制度创新及其危机 [J]. 复旦学报 (社会科学版)，2000 (6).

[43] 周肇光. 如何看待西方新自由主义思潮及其国际影响 [J]. 福建论坛 (人文社会科学版)，2007 (3).

[44] 杨龙芳. 市场社会主义思潮发展的四个阶段 [J]. 当代世界与社会主义，1997 (1).

[45] 王云华. 论西方市场社会主义思潮对中国市场经济的影响 [J]. 西安石油大学学报 (社会科学版)，2009 (3).

[46] 金瑶梅. 论当代西方市场社会主义对中国社会主义市场经济的启示 [J]. 当代世界与社会主义，2016 (3).

[47] 程恩富，侯为民．当前中国七大社会思潮评析——重点阐明创新马克思主义观点［J］．陕西师范大学学报（哲学社会科学版），2013（2）．

[48] 王木木．《新教伦理与资本主义精神》的启发［J］．社会科学论坛，2013（11）．

五、博士学位论文

[1] 刘玉辉．资本创新与经济增长［D］．北京：中共中央党校，2003．

[2] 骆郁廷．精神动力论［D］．武汉：武汉大学，2002．

[3] 刘歆立．论社会历史中的“合力”［D］．北京：中国社会科学院，2002．

[4] 刘士文．创新实践社会发展动力论［D］．北京：中共中央党校，2008．

[5] 周青鹏．马克思历史动力理论研究［D］．武汉：华中师范大学，2011．

[6] 王彦伟．西方社会民主主义思潮在中国的影响研究［D］．北京：中共中央党校，2013．

[7] 卫东海．明清晋商精神的宗教伦理底蕴［D］．北京：中国人民大学，2008．

六、报纸文章

[1] 王庆丰．《资本论》与资本的合理性界限［N］．光明日报，

2016-01-27.

[2] 周为民. 公有制与市场经济是相互矛盾的吗 [N] 北京日报，2012-08-20.

[3] 周为民. 把握市场化改革的关键点 [N]. 北京日报，2015，11-30.

七、外文著作

[1] MARSCHALL G. In Search of the Spirit of Capitalism—An essay on Max Weber's Protestant ethic thesis [M]. New York：Columbia University Press，1982.

[2] MORRISON K. Marx，Durkheim，Weber—Formations of Modern Social Thought [M]. London · Thought Oaks · New Delhi：SAGE Publications，1995.

[3] COLOGNESI L C. Max Weber und die Wirtschaft der Antike [M]. Göttingen：Vandenhöck &Ruprecht，2004.

结论　资本创新是社会全面发展的驱动力

对资本创新这一问题的研究具有重要的理论价值和现实意义。要研究资本创新，首先要厘清“资本”这一概念。虽然资本的概念早在古希腊时代就被提出，有着悠久的历史，但是从经济学范畴对资本展开研究还是近代的事，对资本的解读大致可分为两类，一类是西方经济学对资本的解释，另一类是马克思在《资本论》对资本的阐述。本书是建立在马克思《资本论》及其经济学手稿的理论基础上对资本进行解读的，结合西方经济学家对资本的定义，揭示资本的起源及特点，为资本创新的研究奠定基础。

资本作为资本创新的主体，其获取利润的本性决定了它具有创新的潜能。通过对资本起源以及特性进行深入分析，可以对资本创新下定义，资本创新是指资本这一主体为了获取利润，在文化、经济、政治等外部条件的推动下，借助创新者——企业、政府和个人，克服资本惰性及其他影响资本获利的因素，通过打破既有的经济结构、重新组合生产要素和生产条件、更新完善法律制度、吸收先进思想文化等方式，建立现代化市场经济体系和政治制度，创造宽松自由的文化氛围，从而推动社会全面发展的一种经济创新行为。

本书以“资本这一要素为什么能够创新”为主线，深入分析了资本创新的原因、特点和方式。第一，资本为什么要创新？这一问题可以转化为影响资本创新的因素有哪些。本书从利润的刺激、市场竞争的外部压力以及需求的刺激三个方面展开论述，比较全面地回答了为什么资本需要创新这一问题。第二，资本创新具有哪些特点？这一问题是研究资本创新不可回避的问题，只有弄清楚资本创新的特点，才能使资本创新更好地促进经济发展。任何经济行为都有风险，资本创新作为一种经济创新行为自然也有风险，那么经济主体在追求利润最大化的过程中必须要规避风险，因此规避风险是资本创新的特点之一；资本不是无时无刻都能够获得利润，资本也有“惰性”，当创新的成本太高时，资本就会失去创新的动力，而通过“权力寻租”等方式谋利，所以，权力寻租行为是制约资本创新的一个重要因素，这也是资本创新的特点之一；市场经济是一种竞争经济，但并不意味着市场经济中不存在垄断，垄断可能会使经济主体失去创新动力，但也会给经济主体带来垄断利润，从而激发其创新的积极性，所以垄断有时会制约资本创新，有时又会促进资本创新，这也是资本创新的特点。第三，资本创新有哪些方式？这一问题是研究资本创新社会意义的前提，只有弄清楚资本创新的方式，才能有的放矢，使资本创新在现实中真正推动社会全面发展进步。本书从可行性方面研究资本创新的方式，主要包括：破坏既有的经济结构；革新技术；创新资本形态。

资本的本性是推动资本创新的内在动力。资本从产生之日起就在追逐利润的道路上“奔跑”，一旦利润消失，资本就失去其存在的意义。通过对资本创新内涵和基本要素的研究，得出结论，资本创新不仅需要内在动力的支持，还需要文化、政治、经济等外部条件的推动。资本的本性决定了资本创新贯穿经济发展的全过程，而资本创新的外部条件决定了资本在什么样的社会形态、在哪些国家和地区、在什么样的经济发展阶段能够创新。

本书对资本创新进行深入研究的目的是要探索资本创新的理论意义和现实价值。资本创新从经济、政治、文化等多维度推动社会全面发展，在我国现阶段发展过程中，对于提高国家竞争力、激发社会活力和促进社会转型等方面具有重要的现实意义。